Retete Anti-Inflamatorii 2023

Un ghid complet pentru a reduce inflamatia si a-ti imbunatati starea de sanatate prin alimentatie

Casiana Tunaru

rezumat

Ouă omletă cu ciuperci și spanac 19
Porții: 1 19
Ingrediente: 19
Indicatii: 19
Clătite sărate la micul dejun 21
Porții: 4 21
Ingrediente: 21
Indicatii: 22
Frappe de cafea de arțar 23
Porții: 2 23
Ingrediente: 23
Indicatii: 23
Brioșe cu ciocolată, făină de migdale și unt de arahide 24
Ingrediente: 24
Indicatii: 25
Tofu delicios 26
Porții: 4 26
Ingrediente: 26
Indicatii: 26
Conopida cu branza si cimbru 28
Porții: 2 28
Ingrediente: 28
Indicatii: 29

Briose cu porumb dulce 30

Porții: 1 30

Ingrediente: 30

Indicatii: 30

Semifreddo proaspăt și fructat 32

Porții: 2 32

Ingrediente: 32

Pâine prăjită cu somon cu cremă de brânză Porții: 2 34

Ingrediente: 34

Indicatii: 34

Porții de fulgi de ovăz copți cu nuci și banane 35

Porții: 9 35

Ingrediente: 35

Indicatii: 36

Cartofi și fasole 37

Porții: 4 37

Ingrediente: 37

Indicatii: 38

Piersici Cu Miere De Migdale Si Ricotta 39

Porții: 6 39

Ingrediente: 39

Indicatii: 39

Pâine cu dovlecel 41

Porții: 6 41

Ingrediente: 41

Indicatii: 42

Porții de scorțișoară și batoane cu mere 43

Porții: 4 43

Ingrediente: 43

Indicatii: 44

Porții de brioșe cu afine 45

Porții: 10 45

Ingrediente: 45

Indicatii: 46

Porții de smoothie cu afine 47

Porții: 1 47

Ingrediente: 47

Indicatii: 47

Cartofi dulci umpluți cu mere de scorțișoară Porții: 4 49

Ingrediente: 49

Indicatii: 50

Roșii umplute cu ouă 51

Porții: 2 51

Ingrediente: 51

Indicatii: 52

Porții amestecate de varză cu turmeric 53

Porții: 1 53

Ingrediente: 53

Indicatii: 53

Caserolă cu cârnați și brânză cu Gustosa Marinara 55

Ingrediente: 55

Indicatii: 55

Budinca de Chia Golden Milk Porții: 4 57

Ingrediente: 57

Indicatii: 57

Tort cu morcovi Porții: 2 59

Ingrediente: 59

Indicatii: 59

Clatite cu miere 61

Porții: 2 61

Ingrediente: 61

Indicatii: 62

Crepe fără gluten Porții: 10 64

Ingrediente: 64

Indicatii: 65

Orez cu morcovi cu ouă omletă 66

Porții: 3 66

Ingrediente: 66

Indicatii: 67

Cartofi dulci la micul dejun 69

Porții: 6 69

Ingrediente: 69

Indicatii: 69

Brioșe cu ouă cu feta și quinoa Porții: 12 70

Ingrediente: 70

Indicatii: 70

Clatite cu naut sarat: portii 1 72

Ingrediente: 72

Indicatii: 72

Lapte de turmeric: 2 portii 74

Ingrediente: 74

Indicatii:	74
Shakshuka verde: 4 porții	75
Ingrediente:	75
Indicatii:	76
Pâine cu proteine de quinoa:	78
Porții 12	78
Ingrediente:	78
Indicatii:	79
Brioșe de morcovi cu ghimbir și nucă de cocos	81
Porții: 12	81
Ingrediente:	81
Terci cald de miere: 4 porții	83
Ingrediente:	83
Indicatii:	83
Salata la micul dejun:	84
Porții 4	84
Ingrediente:	84
Indicatii:	85
Quinoa rapidă cu scorțișoară și semințe de chia:	86
Porții 2	86
Ingrediente:	86
Indicatii:	86
Vafe cu cartofi dulci fără cereale	88
Porții: 2	88
Ingrediente:	88
Indicatii:	88
Omletă cu ciuperci, quinoa și sparanghel	90

Porții: 3 90

Ingrediente: 90

Indicatii: 91

Ouă Rancheros: 3 porții 92

Ingrediente: 92

Indicatii: 93

Omletă cu ciuperci și spanac 94

Porții: 2 94

Ingrediente: 94

Indicatii: 94

Vafe cu dovleac și banane 96

Porții: 4 96

Ingrediente: 96

Indicatii: 97

Ouă omletă cu somon afumat. Porții: 2 98

Ingrediente: 98

Indicatii: 98

Risotto cremos de parmezan cu ciuperci și conopidă 99

Ingrediente: 99

Indicatii: 99

Broccoli ranch cu cheddar 101

Porții: 2 101

Ingrediente: 101

Indicatii: 101

Terci super-proteic 103

Porții: 2 103

Ingrediente: 103

Indicatii: 104

Fulgi de ovaz cu mango si nuca de cocos 105

Porții: 1 105

Ingrediente: 105

Indicatii: 105

Porții de omletă cu ciuperci și spanac 107

Porții: 4 107

Ingrediente: 107

Indicatii: 107

Mere cu scorțișoară la fiert lent 109

Porții: 6 109

Ingrediente: 109

Indicatii: 109

Pâine de porumb integrală 110

Porții: 8 110

Ingrediente: 110

Indicatii: 111

Omletă cu roșii 112

Porții: 1 112

Ingrediente: 112

Indicatii: 112

Fulgi de ovaz cu zahar brun si scortisoara 114

Porții: 4 114

Ingrediente: 114

Indicatii: 114

Terci cu pere prăjite 116

Porții: 2 116

Ingrediente: 116

Indicatii: 117

Crepe cu smântână dulce 119

Porții: 2 119

Ingrediente: 119

Indicatii: 119

Clatite cu fulgi de ovaz 121

Porții: 1 121

Ingrediente: 121

Indicatii: 121

Ovăz delicios cu parfum de arțar 123

Porții: 4 123

Ingrediente: 123

Indicatii: 123

Smoothie cu capsuni si kiwi 125

Porții: 1 125

Ingrediente: 125

Indicatii: 125

Terci de in cu scortisoara 126

Porții: 4 126

Ingrediente: 126

Indicatii: 126

Batoane de mic dejun cu afine și cartofi dulci Porții: 8 128

Ingrediente: 128

Indicatii: 128

Fulgi de ovaz copti cu condimente de dovleac 130

Porții: 6 130

Ingrediente: 130

Indicatii: 131

Ouă omletă cu spanac și roșii 132

Porții: 1 132

Ingrediente: 132

Indicatii: 132

Smoothie cu morcovi tropicali, ghimbir și turmeric 134

Porții: 1 134

Ingrediente: 134

Indicatii: 135

Pâine prăjită cu scorțișoară și vanilie 136

Porții: 4 136

Ingrediente: 136

Indicatii: 136

Curcan delicios 138

Porții: 4 138

Ingrediente: 138

Indicatii: 139

Spaghete cu brânză, busuioc și pesto 141

Ingrediente: 141

Indicatii: 141

Smoothie cu portocale și piersici 143

Porții: 2 143

Ingrediente: 143

Indicatii: 143

Briose cu banane și unt de migdale 144

Porții: 6 144

Ingrediente: 144

Indicatii: 145

ricotta engleza 146

Porții: 1 146

Ingrediente: 146

Indicatii: 146

Smoothie antiinflamator cu spanac și cireșe Porții: 1 148

Ingrediente: 148

Indicatii: 148

Shakshuka picant 150

Porții: 4 150

Ingrediente: 150

Indicatii: 151

Lapte auriu de 5 minute 153

Porții: 1 153

Ingrediente: 153

Indicatii: 154

Fulgi de ovăz simplu la micul dejun 155

Porții: 1 155

Ingrediente: 155

Indicatii: 155

Gogoși cu proteine turmeric 157

Porții: 8 157

Ingrediente: 157

Indicatii: 157

Cheddar și omletă cu kale 159

Porții: 6 159

Ingrediente: 159

Indicatii: 159

omletă mediteraneană 161

Porții: 6 161

Ingrediente: 161

Indicatii: 162

Porții de scorțișoară de hrișcă și ghimbir Porții: 5 163

Ingrediente: 163

Indicatii: 164

Clatite cu coriandru 165

Porții: 6 165

Ingrediente: 165

Indicatii: 166

Smoothie cu grepfrut și zmeură Porții: 1 167

Ingrediente: 167

Indicatii: 167

Porții de muesli cu unt de arahide 168

Porții: 8 168

Ingrediente: 168

Indicatii: 168

Ouă omletă la cuptor cu turmeric Porții: 6 170

Ingrediente: 170

Indicatii: 170

Porții de tărâțe de chia și ovăz la micul dejun: Porții: 2 172

Ingrediente: 172

Indicatii: 172

Brioșe cu rubarbă, mere și ghimbir 174

Porții: 8 174

Ingrediente: 174

Cereale și fructe la micul dejun 177

Porții: 6 177

Ingrediente: 177

Indicatii: 177

Bruschetta cu roșii și busuioc 179

Porții: 8 179

Ingrediente: 179

Indicatii: 179

Clătite cu scorțișoară și nucă de cocos 181

Porții: 2 181

Ingrediente: 181

Indicatii: 181

Fulgi de ovăz cu banane și alune de afine: Porții: 6 183

Ingrediente: 183

Indicatii: 184

Pâine prăjită cu ouă poșate și somon 186

Porții: 2 186

Ingrediente: 186

Indicatii: 186

Budinca cu seminte de chia si scortisoara 188

Porții: 2 188

Ingrediente: 188

Indicatii: 188

Ouă și brânză 189

Porții: 1 189

Ingrediente: 189

Indicatii: 189

Tex-mex Hash Browns 191

Porții: 4 191

Ingrediente: 191

Indicatii: 191

Shirataki cu avocado si crema 193

Porții: 2 193

Ingrediente: 193

Indicatii: 193

Porții delicioase de terci 195

Porții: 2 195

Ingrediente: 195

Indicatii: 196

Clatite din faina de migdale cu crema de branza 197

Porții: 2 197

Ingrediente: 197

Indicatii: 197

Brioșe cu brânză cu semințe de in și semințe de cânepă Porții: 2 199

Ingrediente: 199

Indicatii: 200

Vafe de conopida cu branza cu arpagic 202

Porții: 2 202

Ingrediente: 202

Indicatii: 202

Sandwich la micul dejun 204

Porții: 1 204

Ingrediente: 204

Indicatii: 204

Brioșe vegetariene sărate 205

Porții: 5 205

Ingrediente: 205

Indicatii: 206

Clatite cu dovlecel 208

Porții: 8 208

Ingrediente: 208

Indicatii: 209

Hamburger cu ou si avocado 210

Porții: 1 210

Ingrediente: 210

Indicatii: 210

Spanac gustos și cremos 212

Porții: 2 212

Ingrediente: 212

Indicatii: 212

Ovăz special cu scorțișoară și mere 214

Porții: 2 214

Ingrediente: 214

Indicatii: 214

Ouă și legume (bombă antiinflamatoare) 216

Porții: 4 216

Ingrediente: 216

Indicatii: 217

Ouă omletă cu ciuperci și spanac

Porții: 1

Ingrediente:

2 albusuri

1 felie de pâine prăjită integrală

½ c. ciuperci proaspete feliate

2 linguri. Brânză americană rasă fără grăsimi

Piper

1 lingurita. ulei de masline

1 c. spanac proaspăt tocat

1 ou intreg

Indicatii:

1. La foc mediu-mare, puneți o tigaie antiaderentă și adăugați uleiul. Agitați uleiul pentru a acoperi tigaia și încălziți timp de un minut.

2. Adăugați spanacul și ciupercile. Se caleste pana se ofileste spanacul, aproximativ 2-3 minute.

3. Între timp, într-un bol, bate bine oul, albușurile și brânza.

Se condimentează cu piper.

4. Turnați amestecul de ouă în tigaie și amestecați până când ouăle sunt fierte, aproximativ 3-4 minute.

5. Serviți și savurați cu o bucată de pâine prăjită integrală.

Informatii nutritionale:Calorii: 290,6, Grăsimi: 11,8 g, Carbohidrați: 21,8 g, Proteine: 24,3 g, Zaharuri: 1,4 g, Sodiu: 1000 mg

Clătite sărate la micul dejun

Porții: 4

Timp de preparare: 6 minute

Ingrediente:

½ cană de făină de migdale

½ cană de făină de tapioca

1 cană de lapte de cocos

½ linguriță de pudră de chilli

¼ linguriță de pudră de turmeric

½ ceapa rosie, tocata

1 mână de frunze de coriandru, tocate

½ inch de ghimbir, ras

1 lingurita de sare

¼ linguriță de piper negru măcinat

Indicatii:

1. Într-un castron, amestecați toate ingredientele până se omogenizează bine.

2. Se încălzește o tigaie la foc mediu-mic și se unge cu ulei.

3. Turnați ¼ de cană de aluat peste tigaie și întindeți amestecul pentru a face o clătită.

4. Se prăjește 3 minute pe fiecare parte.

5. Repetați până când aluatul este gata.

Informatii nutritionale: Calorii 108 Grăsimi totale 2 g Grăsimi saturate 1 g Glucide totale 20 g Glucide nete 19,5 g Proteine 2 g Zahăr: 4 g Fibre: 0,5 g Sodiu: 37 mg Potasiu 95 mg

Frappe de cafea de arțar

Porții: 2

Ingrediente:

1 lingura. pudră de cacao neîndulcită

½ c. lapte degresat

2 linguri. Sirop de arțar pur

½ c. cafea preparată

1 banană mică coaptă

1 c. iaurt cu conținut scăzut de grăsimi de vanilie

Indicatii:

1. Pune banana într-un blender sau robot de bucătărie și amestecă.

2. Adăugați ingredientele rămase și amestecați până când sunt omogene și cremoase.

3. Serviți imediat.

Informatii nutritionale:Calorii: 206, grăsimi: 2 g, carbohidrați: 38 g, proteine: 6 g, zahăr: 17 g, sodiu: 65 mg

Brioșe cu ciocolată, făină de migdale și unt de arahide

Porții: 6

Timp de gătire: 25 minute

Ingrediente:

1 cană de făină de migdale

1 lingurita de praf de copt

1/8 lingurita de sare

½ cană de eritritol

1/3 cana lapte de migdale, neindulcit

2 oua bio

1/3 cană unt de arahide neîndulcit

2 linguri de boabe de cacao

Indicatii:

1. Porniți cuptorul, apoi setați temperatura la 350 ° F și lăsați-l să se preîncălzească.

2. Între timp, puneți făina într-un bol, adăugați praful de copt, sarea și eritritol și amestecați până se omogenizează.

3. Apoi turnați laptele, adăugați ouăle și untul de arahide, amestecați până se încorporează și apoi amestecați boabele de cacao.

4. Luați o tavă de brioșe cu șase căni, căptușiți cupele cu căptușeala de brioșe, umpleți-le uniform cu aluatul pregătit și coaceți timp de 25 de minute până când brioșele sunt fierte și aurii.

5. Când ați terminat, transferați brioșele pe un grătar pentru a se răci complet, apoi înfășurați fiecare brioșă cu folie și dați-o la frigider până la cinci zile.

6. Serviți brioșele când sunt gata de mâncare.

<u>Informatii nutritionale:</u>Calorii 265, grăsimi totale 20,5 g, carbohidrați 2 g, proteine 7,5 g

Tofu delicios

Porții: 4

Timp de preparare: 20 de minute

Ingrediente:

2 lingurite de ulei de susan prajit

1 lingurita de otet de orez

2 linguri de sos de soia cu sodiu redus

½ linguriță de praf de ceapă

1 lingurita de praf de usturoi

1 bloc de tofu, tăiat cubulețe

1 lingura de amidon de cartofi

Indicatii:

1. Într-un castron, combinați toate ingredientele, cu excepția tofu-ului și a amidonului din cartofi.

2. Amestecați bine.

3. Adăugați tofu în bol.

4. Se lasă la marinat 30 de minute.

5. Stropiți tofu cu amidon de cartofi.

6. Adăugați tofu în coșul friteuzei cu aer.

7. Prăjiți la aer la 370 de grade F timp de 20 de minute, agitând la jumătate.

Conopida cu branza si cimbru

Porții: 2

Timp de preparare: 15 minute

Ingrediente:

½ cană de mozzarella rasă

¼ cană de parmezan ras

¼ cap mare de conopidă

½ cană de kale

1 ou organic mare

1 tulpină de ceapă verde

½ lingură de ulei de măsline

½ linguriță de pudră de usturoi

¼ lingurita de sare

½ lingură de semințe de susan

1 lingurita de cimbru proaspat, tocat

¼ linguriță de piper negru rupt

Indicatii:

1. Pune conopida într-un robot de bucătărie, adaugă ceapa primăvară, gulirabe și cimbru și apoi bate 2-3 minute până se omogenizează.

2. Turnați amestecul într-un bol, adăugați ingredientele rămase și amestecați până se omogenizează.

3. Porniți fierul de vafe, ungeți-l cu ulei și, când este fierbinte, turnați în el jumătate din aluatul pregătit, închideți cu capacul și fierbeți până devine auriu și ferm.

4. Când ați terminat, transferați vafele pe o farfurie și gătiți o altă vafe în același mod folosind aluatul rămas.

5. Serviți imediat.

Informatii nutritionale:Calorii 144, carbohidrați 8,5, grăsimi totale 9,4 g, proteine 9,3 g, zahăr 3 g, sodiu 435 mg

Briose cu porumb dulce

Porţii: 1

Ingrediente:

1 lingura. praf de copt fără sodiu

¾ c. lapte nelactate

1 lingurita. extract pur de vanilie

½ c. zahăr

1 c. făină albă integrală

1 c. faina de porumb

½ c. ulei de rapita

Indicatii:

1. Preîncălziţi cuptorul la 400 ° F. Tapetaţi o tavă de 12 brioşe cu hârtie şi lăsaţi deoparte.

2. Puneţi făina de porumb, făina, zahărul şi praful de copt într-un castron şi amestecaţi bine pentru a se combina.

3. Adăugați laptele nelactat, uleiul și vanilia și amestecați până se omogenizează bine.

4. Împărțiți aluatul uniform între cupele pentru brioșe. Puneți tava pentru brioșe pe grătarul din mijloc la cuptor și coaceți timp de 15 minute.

5. Scoateți din cuptor și lăsați să se răcească pe un grătar.

Informatii nutritionale:Calorii: 203, grăsimi: 9 g, carbohidrați: 26 g, proteine: 3 g, zahăr: 9,5 g, sodiu: 255 mg

Semifreddo proaspăt și fructat

Porții: 2

Timp de preparare: 0 minute

Ingrediente:

½ cană de zmeură proaspătă

Un praf de scortisoara

1 lingurita de sirop de artar

2 linguri de seminte de chia

16 uncii iaurt simplu

Fructe proaspete: mure, nectarine sau căpșuni feliate<u>Indicatii:</u>

1. Cu ajutorul unei furculițe, zmeura pisează într-un castron până capătă o consistență asemănătoare cu dulceața. Adăugați scorțișoara, siropul și semințele de chia. Continuați piureul până când toate ingredientele sunt încorporate. A pune deoparte.

2. În două pahare de servire, alternează straturile de iaurt și amestecul.

Se ornează cu felii de fructe proaspete.

<u>Informatii nutritionale:</u>Calorii 315 Grăsimi: 8,7 g Proteine: 19,6 g Sodiu: 164 mg Carbohidrați totale: 45,8 g Fibre alimentare: 6,5 g

Pâine prăjită cu somon cu cremă de brânză
Porții: 2

Timp de preparare: 2 minute

Ingrediente:

Pâine prăjită din făină integrală sau de secară, două felii

Ceapa rosie, tocata marunt, doua linguri

Cremă de brânză, cu conținut scăzut de grăsimi, două linguri

Fulgi de busuioc, o jumătate de linguriță

Rucola sau spanac, tocat, o jumătate de cană

Somon afumat, două uncii

Indicatii:

1. Prăjiți pâinea de grâu. Se amestecă crema de brânză și busuiocul și se întinde acest amestec pe pâine prăjită. Adăugați somonul, rucola și ceapa.

<u>Informatii nutritionale:</u>Calorii 291 Grăsimi 15,2 grame Carbohidrați 17,8 grame de zahăr 3 grame

Porții de fulgi de ovăz copți cu nuci și banane

Porții: 9

Timp de gătire: 40 de minute

Ingrediente:

Ovăz rulat - 2,25 căni

Banane, piure - 1 cană

Ouă - 2

Paste cu curmale - 2 linguri

Ulei de soia - 3 linguri

Lapte de migdale, neindulcit - 1 cană

Extract de vanilie - 1 linguriță

Sare de mare - 0,5 linguriță

Scorțișoară - 1 linguriță

Praf de copt - 1 linguriță

Nuci, tocate - 0,5 cană

Indicatii:

1. Încinge cuptorul la 350 de grade Fahrenheit și unge sau tapetează o tavă de copt de opt pe opt cu pergament pentru a preveni lipirea.

2. Într-un castron de gătit, amestecați pasta de curmale cu piureul de banane, laptele de migdale, ouăle, uleiul de soia și vanilia. Bateți acest amestec până când pasta de curmale este complet amestecată cu celelalte ingrediente fără cocoloașe. Dar bulgări de banane piure sunt în regulă.

3. Incorporati fulgii de ovaz, scortisoara, sarea de mare si praful de copt in amestecul de banane, apoi incorporati usor nucile tocate.

4. Odată ce bananele și nucile de ovăz sunt combinate, presărați amestecul pe fundul foii de copt pregătite și puneți tava în centrul cuptorului încins. Gătiți până când ovăzul este auriu și se solidifică, aproximativ treizeci până la treizeci și cinci de minute. Scoateți vasul din fulgi de ovăz copt din cuptor și lăsați-l să se răcească cel puțin cinci minute înainte de servire. De savurat singur sau cu fructe proaspete și iaurt.

Cartofi și fasole

Porții: 4

Timp de preparare: 50 de minute

Ingrediente:

Cartofi tăiați cubulețe - 4 căni

Ciuperci, feliate - 0,5 cană

Piper tăiat cubulețe - 1

Dovlecel, tăiat cubulețe - 1 cană

Dovleac galben, tăiat cubulețe - 1 cană

Fasole Borlotti, fiartă - 1,75 cană

Piper negru, măcinat - 0,25 linguriță

Boia, măcinată - 0,5 linguriță

Sare de mare - 0,5 linguriță

Pudră de ceapă - 1,5 linguriță

Pudră de usturoi - 1,5 linguriță

Indicatii:

1. Încinge cuptorul la 425 de grade Fahrenheit și tapetează o tavă mare de aluminiu cu hârtie de pergament.

2. Adăugați cartofii tăiați cubulețe în tigaie și asezonați cu sare de mare și piper negru. Puneți cartofii condimentați tăiați cubulețe la cuptor pentru a se prăji timp de douăzeci și cinci de minute. Scoateți cartofii și amestecați bine.

3. Între timp, amestecați ingredientele rămase pentru haș într-o tavă mare, sigură pentru cuptor. După ce ați sărit peste cartofii parțial prăjiți, puneți tava cu cartofi și tava cu legume ambele la cuptor. Lăsați ambele porții de hașiș să se prăjească încă cincisprezece minute.

4. Scoateți tava și tigaia din cuptor și asezonați conținutul tigaii cu cartofii prăjiți. Se serveste singur sau cu oua.

Piersici Cu Miere De Migdale Si Ricotta

Porții: 6

Timp de preparare: 0 minute

Ingrediente:

Propagare

Branza de vaci, lapte degresat, o cana

Dragă, o linguriță

Migdale, feliate subțiri, o jumătate de cană

Extract de migdale, un sfert de lingurita

A servi

Piersici, feliate, o cană

Pâine integrală, covrigi sau pâine prăjită

Indicatii:

1. Amestecați extractul de migdale, mierea, ricotta și migdalele. Ungeți o lingură din acest amestec pe pâine prăjită și acoperiți cu piersici.

<u>Informatii nutritionale:</u> Calorii 230 proteine 9 grame grăsimi 8 grame carbohidrați 37 grame fibre 3 grame zahăr 34 grame

Pâine cu dovlecel

Porții: 6

Timp de gătire: 70 de minute

Ingrediente:

Făină albă integrală - 2 căni

Bicarbonat de sodiu - 1 linguriță

Praf de copt - 2 lingurițe

Sare de mare - 0,5 linguriță

Scorțișoară, măcinată - 2 lingurițe

Ou mare - 1

Extract de vanilie - 1 linguriță

Sos de mere, neîndulcit - 0,5 cană

Dovlecel, ras - 2 cani

Îndulcitor de fructe Lakanto Monk - 0,75 cană

Indicatii:

1. Încinge cuptorul la 350 de grade Fahrenheit și tapetează o foaie de copt de nouă pe cinci inci cu pergament sau unge-o.

2. Într-un vas mare de gătit, amestecați sosul de mere, dovlecelul, extractul de vanilie, îndulcitorul de fructe de călugăr, oul și extractul de vanilie. Într-o tavă separată, combinați ingredientele uscate, astfel încât să nu vă formați cocoloașe de la drojdie sau de sifon.

3. Adăugați ingredientele amestecate de pâine uscată cu dovlecei la ingredientele umede și amestecați ușor cele două, doar până se omogenizează bine.

Răzuiți vasul pentru frământare, turnând conținutul în tava pregătită.

4. Puneți pâinea de dovlecei la cuptor și lăsați-o să fiarbă până se fierbe. Este gata când odată ce o scobitoare este introdusă poate fi îndepărtată curat - aproximativ o oră.

5. Scoateți tava cu dovleceii din cuptor și lăsați-o să se răcească zece minute înainte de a scoate pâinea de dovlecei din tavă și transferați pâinea pe un grătar pentru a termina de răcit. Așteptați ca pâinea de dovlecel să se răcească complet înainte de a o feli.

Porții de scorțișoară și batoane cu mere

Porții: 4

Timp de gătire: 35 minute

Ingrediente:

Ovăz - 1 cană

Scorțișoară, măcinată - 1 linguriță

Praf de copt - 0,5 linguriță

Bicarbonat de sodiu - 0,5 linguriță

Extract de vanilie - 1 linguriță

Sare de mare - 0,125 linguriță

Îndulcitor de fructe Lakanto Monk - 3 linguri de mere, decojite și tăiate cubulețe - 1

Iaurt, normal - 3 linguri

Ulei de soia - 1 lingura

Ouă - 2

Indicatii:

1. Încinge cuptorul la 350 de grade Fahrenheit și tapetează o tavă pătrată de 8 pe 8 inci cu hârtie de pergament.

2. Într-un blender, adăugați trei sferturi din ovăz și ingredientele rămase. Se amestecă până se omogenizează și apoi se folosește o spatulă pentru a încorpora ultimul ovăz rămas. Turnați amestecul în foaia de copt pregătită și apoi puneți-l în centrul cuptorului pentru a găti până când batoanele de mere și scorțișoară sunt gătite, aproximativ douăzeci și cinci până la treizeci de minute. Batoanele sunt gata atunci când un cuțit sau o scobitoare este introdusă și îndepărtată curat.

3. Scoateți tava cu mere și scorțișoară din cuptor și lăsați batoanele să se răcească complet înainte de a le feli și a le răci la frigider.

Deși puteți mânca aceste batoane la temperatura camerei, ele sunt cele mai bune atunci când le lăsați mai întâi să se răcească pentru un timp.

Porții de brioșe cu afine

Porții: 10

Timp de preparare: 22-25 minute

Ingrediente:

2½ căni de făină de migdale

1 lingura de faina de cocos

½ linguriță de bicarbonat de sodiu

3 linguri de scorțișoară măcinată, împărțită

Sarat la gust

2 oua bio

¼ cană de lapte de cocos

¼ cană de ulei de cocos

¼ cană de sirop de arțar

1 lingura aroma organica de vanilie

1 cană de afine proaspete

Indicatii:

1. Preîncălziți cuptorul la 350 de grade F. Ungeți 10 căni dintr-o tavă mare pentru brioșe.

2. Într-un castron mare, amestecați făina, bicarbonatul de sodiu, 2 linguri de scorțișoară și sarea.

3. Într-un alt bol, adăugați ouăle, laptele, uleiul, siropul de arțar și vanilia și bateți până se omogenizează.

4. Adăugați amestecul de ouă în amestecul de făină și amestecați până se omogenizează bine.

5. Încorporați afinele.

6. Aranjați o combinație uniform în cupele pentru brioșe pregătite.

7. Stropiți uniform cu scorțișoară.

8. Gatiti aproximativ 22-25 de minute sau pana cand o scobitoare introdusa in centru este eliberata curata.

<u>Informatii nutritionale:</u>Calorii: 328, Grăsimi: 11 g, Carbohidrați: 29 g, Fibre: 5 g, Proteine: 19 g

Porții de smoothie cu afine

Porții: 1

Timp de preparare: 0 minute

Ingrediente:

1 banană, decojită

2 pumni de baby spanac

1 lingura de unt de migdale

½ cană de afine

¼ lingurita de scortisoara macinata

1 lingurita de pudra de maca

½ cană de apă

½ cană de lapte de migdale, neîndulcit

Indicatii:

1. În blender, amestecați spanacul cu banana, afinele, untul de migdale, scorțișoara, pudra de maca, apa și laptele. Se amestecă bine, se toarnă într-un pahar și se servește.

2. Distrează-te!

Informatii nutritionale:341 calorii, 12 grăsimi, 11 fibre, 54 carbohidrați, 10 proteine

Cartofi dulci umpluți cu mere de scorțișoară

Porții: 4

Timp de preparare: 10 minute

Ingrediente:

Cartofi dulci, copți - 4

Mere roșii, tăiate cubulețe - 3

Apă - 0,25 cană

Sare de mare - praf

Scorțișoară, măcinată - 1 linguriță

Cuișoare, măcinate - 0,125 linguriță

Ghimbir, măcinat - 0,5 linguriță

Nuci pecan, tocate - 0,25 cană

unt de migdale - 0,25 cană

Indicatii:

1. Într-o tigaie mare antiaderentă, combinați merele cu apa, sarea de mare, condimentele și nucile pecan. Acoperiți merele cu un capac strâns și lăsați-le să fiarbă aproximativ 5-7 minute, până se înmoaie.

Timpul exact de gătire al merelor condimentate va depinde de mărimea feliilor de mere și de varietatea de mere pe care le folosiți.

2. Tăiați cartofii dulci copți în jumătate, punând fiecare jumătate pe o farfurie de servire. Cand merele sunt fierte, garnisiti cu ele cartofii dulci si apoi stropiti cu unt de migdale.

Se serveste inca fierbinte.

Roșii umplute cu ouă

Porții: 2

Timp de gătire: 40 de minute

Ingrediente:

Roșii, mari, coapte - 2

Ouă - 2

Parmezan, ras - 0,25 cană

Ceapă verde, feliată - 3

Usturoi, tocat - 2 catei

Pătrunjel, proaspăt - 1 lingură

Sare de mare - 0,5 linguriță

Ulei de măsline extravirgin - 1 lingură

Piper negru, măcinat - 0,5 linguriță

Indicatii:

1. Încălzește cuptorul la 350 de grade Fahrenheit și pregătește o tavă sigură pentru gătit.

2. Pe o placă de tăiat, feliați vârful roșiei din jurul tulpinii. Folosește o lingură pentru a scoate ușor interiorul roșii de unde ai tăiat-o și scoate semințele din fructe, aruncându-le.

Ar trebui să rămâneți cu un înveliș din fructe de roșii, minus excesul de lichid și semințe.

3. Într-o tavă de copt, combinați sarea de mare, piperul negru și pătrunjelul proaspăt. Odată combinat, presară jumătate din amestec în fiecare roșie, folosind mâna sau o lingură pentru a distribui toppingurile în interiorul roșii.

4. În tigaie, încinge usturoiul și ceapa verde în ulei de măsline la foc mediu până se înmoaie și parfumează, aproximativ 4-5 minute. Odată fiert, adăugați parmezanul și împărțiți amestecul între cele două roșii, punându-l înăuntru. Acum că tava este goală, transferați roșiile de pe placa de tăiat în tigaie. La final, spargeți un ou în fiecare roșie.

5. Se pune tava cu roșiile umplute în cuptorul încins și se lasă să se prăjească până când oul este fiert, aproximativ douăzeci și cinci până la treizeci de minute. Scoatem din cuptor tava cu rosiile cherry umplute cu ou si servim calduta, singura sau cu paine integrala prajita.

Porții amestecate de varză cu turmeric

Porții: 1

Timp de preparare: 10 minute

Ingrediente:

Ulei de măsline, două linguri

Kale, mărunțită, o jumătate de cană

Germeni, o jumătate de cană

Usturoi, tocat, o lingura

Piper negru, un sfert de lingurita

Turmeric, măcinat, o lingură

Ouă, două

Indicatii:

1. Batem ouale si adaugam turmericul, piperul negru si usturoiul.

Se caleste varza in ulei de masline la foc mediu timp de cinci minute, apoi se toarna acest aluat de ou in tigaia cu varza. Continuați să gătiți, amestecând des, până când ouăle sunt fierte. Completați cu mugurii cruzi și serviți.

Informatii nutritionale:Calorii 137 grăsimi 8,4 grame carbohidrați 7,9 grame fibre 4,8

grame de zahăr 1,8 grame de proteine 13,2 grame

Caserolă cu cârnați și brânză cu Gustosa Marinara

Porții: 6

Timp de preparare: 20 de minute

Ingrediente:

½ lingură de ulei de măsline

½ kilogram de cârnați

2,5 uncii de sos marinara

120 g parmezan ras

120 g mozzarella rasa

Indicatii:

1. Porniți cuptorul, apoi setați temperatura la 375 ° F și lăsați-l să se preîncălzească.

2. Se ia o tigaie, se unge cu ulei, se adauga jumatate din carnat, se bate si se intinde uniform pe fundul tigaii.

3. Acoperiți cârnații din tigaie cu jumătate din fiecare sos marinara, parmezan și mozzarella, apoi presărați cârnații rămasi deasupra.

4. Aranjați cârnații cu sosul marinara rămas, parmezan și mozzarella și coaceți 20 de minute până când cârnații sunt gătiți și brânzeturile s-au topit.

5. Când ați terminat, lăsați cratița să se răcească complet, apoi împărțiți-o uniform între șase recipiente etanșe și lăsați-o la frigider până la 12 zile.

6. Când este gata de mâncat, încălziți cratița la cuptorul cu microunde până se încinge și serviți.

Informatii nutritionale:Calorii 353, grăsimi totale 24,3 g, carbohidrați totale 5,5 g, proteine 28,4, zahăr 5 g, sodiu 902 mg

Budinca de Chia Golden Milk Porții: 4

Timp de preparare: 0 minute

Ingrediente:

4 căni de lapte de cocos

3 linguri de miere

1 lingurita de extract de vanilie

1 lingurita de turmeric macinat

½ linguriță de scorțișoară măcinată

½ linguriță de ghimbir măcinat

¾ cană de iaurt de cocos

½ cană de semințe de chia

1 cană de fructe de pădure proaspete

¼ cană de fulgi de cocos prăjiți

Indicatii:

1. Într-un bol de mixare, combinați laptele de cocos, mierea, extractul de vanilie, turmericul, scorțișoara și ghimbirul. Adăugați iaurtul de cocos.

2. În boluri, puneți semințele de chia, fructele de pădure și fulgii de cocos.

3. Turnați amestecul de lapte.

4. Se lasa la racit la frigider timp de 6 ore.

Informatii nutritionale:Calorii 337 Grăsimi totale 11 g Grăsimi saturate 2 g Glucide totale 51 g Glucide nete 49 g Proteine 10 g Zahar: 29 g Fibre: 2 g Sodiu: 262 mg Potasiu 508 mg

Tort cu morcovi Porții: 2

Timp de preparare: 1 minut

Ingrediente:

Lapte de cocos sau de migdale, o cană

Seminte de chia, o lingura

Scorțișoară, măcinată, o linguriță

Stafide, o jumătate de cană

Cremă de brânză, cu conținut scăzut de grăsimi, două linguri la temperatura camerei Morcov, o coajă mare și mărunțit

Miere, două linguri

Vanilie, o lingurita

Indicatii:

1. Amestecați toate articolele enumerate și păstrați-le într-un recipient frigorific sigur peste noapte. Mănâncă rece dimineața. Dacă alegeți să reîncălziți, puneți-l la cuptorul cu microunde timp de un minut și amestecați bine înainte de a mânca.

Informatii nutritionale:Calorii 340 zahăr 32 grame proteine 8 grame grăsimi 4

grame de fibre 9 grame de carbohidrați 70 de grame

Clatite cu miere

Porții: 2

Timp de preparare: 5 minute

Ingrediente:

½ cană de făină de migdale

2 linguri de faina de cocos

1 lingura de seminte de in macinate

¼ linguriță de bicarbonat de sodiu

½ lingură de ghimbir măcinat

½ lingură de nucșoară măcinată

½ lingură de scorțișoară pudră

½ linguriță de cuișoare măcinate

Vârf de cuțit de sare

2 linguri de miere organică

¾ cană de albușuri organice

½ linguriță de extract organic de vanilie

Ulei de cocos, suficient

Indicatii:

1. Într-un castron mare, amestecați făina, semințele de in, bicarbonatul de sodiu, condimentele și sarea.

2. Într-un alt bol, adăugați mierea, albușurile și vanilia și bateți până se omogenizează.

3. Adăugați amestecul de ouă în amestecul de făină și amestecați până se omogenizează bine.

4. Ungeți ușor o tigaie mare antiaderentă cu ulei și încălziți la foc mediu-mic.

5. Adăugați aproximativ ¼ de cană din amestec și înclinați tigaia pentru a o distribui uniform în toată tigaia.

6. Gatiti aproximativ 3-4 minute.

7. Personalizați cu grijă partea laterală și gătiți încă aproximativ 1 minut.

8. Repetați cu amestecul rămas.

9. Serviți cu garnitura dorită.

Informatii nutritionale:Calorii: 291, grăsimi: 8 g, carbohidrați: 26 g, fibre: 4 g, proteine: 23 g

Crepe fără gluten Porții: 10

Timp de preparare: 30 minute

Ingrediente:

Opțiunea 1

Faceți crepe folosind un amestec de vafe și clătite fără gluten și fără gumă

3 linguri de zahar

1 1/2 cani de amestec de clatite fara gluten

1 cană de apă rece

2 oua

2 linguri de unt, topit

varianta 2

Faceți crepe folosind amestecul preferat de făină fără gluten și fără gumă:

2 linguri de unt, topit

3 linguri de zahar

1 cană de apă rece

2 linguri de apa rece

2 oua

1 1/2 cană făină fără gluten

1/2 linguriță de praf de copt fără gluten sau amestecați în părți egale bicarbonat de sodiu și smântână de tartru

1/2 lingurita extract de vanilie

Indicatii:

1. Într-un castron mare, amestecați toate ingredientele crepului și amestecați până când cocoloașele s-au dizolvat. Lăsați amestecul să se odihnească la temperatura camerei timp de aproximativ 15 minute. Dupa 15 minute se va ingrosa.

2. Încinge tigaia foarte fierbinte, stropește-o cu spray de ulei și toarnă o cantitate mică de aluat în tigaie folosind o lingură de ciorbă sau 1/4

ceașcă de măsurat în timp ce rulezi tigaia în lateral.

3. Lăsați acest strat subțire de aluat de crep să se gătească timp de 1, 2 sau 3 minute, apoi răsturnați crepa pe cealaltă parte și lăsați-o să fiarbă încă un minut.

Informatii nutritionale:Calorii 100 Carbohidrați: 14 g Grăsimi: 4 g Proteine: 3 g

Orez cu morcovi cu ouă omletă

Porții: 3

Timp de preparare: 3 ore

Ingrediente:

Pentru sos dulce de soia Tamari

3 linguri de sos tamari (fara gluten)

1 lingura de apa

2-3 linguri de melasa

Pentru amestecuri picante

3 catei de usturoi

1 şalotă mică (tăiată felii)

2 ardei iute roşu lung

Un praf de ghimbir macinat

Pentru orezul cu morcovi:

2 linguri de ulei de susan

5 ouă

4 morcovi mari

8 uncii de cârnați (pui sau orice tip - fără gluten și tocat).

1 lingura de sos de soia dulce

1 cană de muguri de fasole

1/2 cană broccoli tăiat cubulețe

Sare si piper dupa gust

Pentru a ornat:

Coriandru

Sos iute asiatic

seminte de susan

Indicatii:

1. Pentru sos:

2. Într-o craticioara se fierbe melasa, apa si tamariul la foc mare.

3. Coborâți focul după ce sosul fierbe și gătiți până când melasa se dizolvă complet.

4. Puneți sosul într-un castron separat.

5. Pentru orezul cu morcovi:

6. Într-un castron, combinați ghimbirul, usturoiul, ceapa și ardeiul iute roșu.

7. Pentru a face orez cu morcovi, spiralați morcovii într-un spiralizator.

8. Amestecați morcovii spiralați într-un robot de bucătărie.

9. Tăiați broccoli în cuburi 10. Adăugați cârnații, morcovii, broccoli și mugurii de fasole în bolul de ceapă, ghimbir, usturoi și ardei iute.

11. Adăugați amestecul de legume picant și sosul tamari în aragazul lent.

12. Pune aragazul la foc mare timp de 3 ore sau la foc mic timp de 6 ore.

13. Oleiți două ouă într-o tigaie sau tigaie antiaderentă.

14. Serviți orezul cu morcovi și adăugați ouăle omletă deasupra.

15. Ornați cu semințe de susan, sos asiatic chili și coriandru.

<u>Informatii nutritionale:</u>Calorii 230 mg Grăsimi totale: 13,7 g Carbohidrați: 15,9 g Proteine: 12,2 g Zahăr: 8 g Fibre 4,4 g Sodiu: 1060 mg Colesterol: 239 mg.

Cartofi dulci la micul dejun

Porții: 6

Timp de preparare: 15 minute

Ingrediente:

2 cartofi dulci, tăiați cubulețe

2 linguri de ulei de măsline

1 lingura de boia

1 lingurita de planta uscata de marar

Piper la nevoie

Indicatii:

1. Preîncălziți friteuza cu aer la 400 de grade F.

2. Combinați toate ingredientele într-un bol.

3. Transferați în friteuza cu aer.

4. Gatiti 15 minute, amestecand la fiecare 5 minute.

Brioșe cu ouă cu feta și quinoa Porții: 12

Timp de preparare: 30 minute

Ingrediente:

Ouă, opt

Roșii, tocate, o cană

Sare, un sfert de lingurita

Feta, o ceașcă

Quinoa, o ceașcă gătită

Ulei de măsline, două lingurițe

Oregano, cotlet proaspăt, o lingură

Măsline negre, tocate, un sfert de cană

Ceapa, tocata, un sfert de cana

Baby spanac, tocat, două căni

Indicatii:

1. Încinge cuptorul la 350. Stropiți o tavă de brioșe de douăsprezece cești cu ulei. Gatiti spanacul, oregano, maslinele, ceapa si rosiile timp de cinci

minute in ulei de masline la foc mediu. A bate ouale. Adăugați amestecul de legume fierte la ouă cu brânză și sare. Se toarnă amestecul în cupe de brioșe. Gatiti treizeci de minute. Acestea vor rămâne proaspete în frigider timp de două zile. Pentru a mânca, doar înfășurați într-un prosop de hârtie și încălziți în cuptorul cu microunde timp de treizeci de secunde.

Informatii nutritionale:Calorii 113 carbohidrați 5 grame de proteine 6 grame de grăsimi 7

grame de zahăr 1 gram

Clatite cu naut sarat: portii 1

Timp de preparare: 15 minute

Ingrediente:

Apă - 0,5 cană, plus 2 linguri

Ceapa, tocata marunt - 0,25 cana

Ardei dulce, tăiat cubulețe - 0,25 cană

Făină de năut - 0,5 cană

Praf de copt - 0,25 linguriță

Sare de mare - 0,25 linguriță

Pudră de usturoi - 0,25 linguriță

Fulgi de ardei roșu - 0,125 linguriță

Piper negru, măcinat - 0,125 linguriță

Indicatii:

1. Încingeți o tigaie antiaderentă de 10 inci la foc mediu în timp ce faceți aluatul de clătite cu năut.

2. Într-o tavă de copt, amestecați făina de năut cu praful de copt și condimentele. După ce s-a combinat, bateți apa și amestecați energic timp de cincisprezece până la treizeci de secunde, pentru a forma o mulțime de bule de aer în aluatul de năut și care se descompun și sunt cocoloase.

Încorporați ceapa și ardeiul tăiate cubulețe.

3. Odată ce tigaia este fierbinte, turnați tot aluatul în ea dintr-o dată pentru a face o clătită mare. Mutați tigaia cu mișcări circulare pentru a distribui aluatul uniform pe fundul tigaii, apoi lăsați-l să se odihnească netulburat.

4. Gătiți clătita cu năut până se solidifică și poate fi răsturnată cu ușurință fără a se rupe, aproximativ 5-7 minute. Fundul trebuie să fie maro auriu. Întoarceți cu grijă clătitele cu năut sărat cu o spatulă mare și gătiți cealaltă parte încă cinci minute.

5. Scoateți tigaia cu clătită cu năut sărat de pe foc și transferați clătita într-o farfurie, păstrând-o întreagă sau tăind-o felii. Serviți cu sosuri și sosuri sărate la alegere.

Lapte de turmeric: 2 portii

Timp de preparare: 5 minute

Ingrediente:

1 1/2 cani de lapte de cocos neindulcit

1 1/2 cani de lapte de migdale neindulcit

¼ linguriță de ghimbir măcinat

1 ½ linguriță de turmeric măcinat

1 lingura de ulei de cocos

¼ lingurita de scortisoara macinata

Indicatii:

1. Puneți laptele de cocos și migdale într-o cratiță și încălziți la foc mediu, adăugați ghimbirul, uleiul, turmericul și scorțișoara. Se amestecă și se fierbe timp de 5 minute, se împarte în boluri și se servește.

2. Distrează-te!

Informatii nutritionale:calorii 171, grăsimi 3, fibre 4, carbohidrați 6, proteine 7

Shakshuka verde: 4 porții

Timp de gătire: 25 minute

Ingrediente:

2 linguri ulei de masline extravirgin

1 ceapa, tocata

2 catei de usturoi, tocati

1 jalapeño, fără semințe și tocat

1 kg de spanac (decongelat dacă este congelat)

1 lingurita de chimion uscat

¾ lingurita de coriandru

Sare și piper negru proaspăt măcinat

2 linguri de harissa

½ cană de bulion de legume

8 ouă mari

Pătrunjel proaspăt tocat după cum este necesar pentru servire Coriandru proaspăt tocat după nevoie pentru servire Fulgi de chili după cum este necesar pentru servire

Indicatii:

1. Preîncălziți cuptorul la 350 ° F.

2. Încinge uleiul de măsline într-o tigaie mare, sigură pentru cuptor, la foc mediu. Se adaugă ceapa și se călește timp de 4-5 minute. Se amestecă usturoiul și jalapeño, apoi se călesc încă 1 minut pană când sunt parfumate.

3. Adăugați spanacul și gătiți până când se ofilește complet dacă este proaspăt, 4 până la 5 minute sau 1 până la 2 minute dacă este dezghețat de la congelat, până când este complet încălzit.

4. Asezonați cu chimen, piper, coriandru, sare și harissa. Gatiti aproximativ 1 minut, pana devine parfumat.

5. Transferați amestecul într-un bol de robot de bucătărie sau într-un blender și amestecați până devine grosier. Adăugați bulionul și amestecați până la omogenizare și grosime.

6. Curățați tigaia și pudrați-o cu spray de gătit antiaderent. Turnați amestecul de spanac în tigaie și faceți opt godeuri circulare cu o lingură de lemn.

7. Rupeți ouăle în tuburi, ușor. Dați tava la cuptor și gătiți 20-25 de minute până când albușurile se întăresc complet, dar gălbenușurile sunt încă puțin tremurate.

8. Presărați shakshuka cu pătrunjel, coriandru și fulgi de ardei roșu, după gust. Serviți imediat.

Informatii nutritionale:251 calorii 17 g grăsimi 10 g carbohidrați 17 g proteine 3 g zahăr

Pâine cu proteine de quinoa:

Porții 12

Timp de gătire: 1 oră și 45 de minute

Ingrediente:

Făină de năut - 1 cană

Făină de quinoa prăjită - 1 cană

Amidon de cartofi - 1 cană

Făină de sorg - 1 cană

Gumă xantan - 2 lingurițe

Sare de mare - 1 linguriță

Apă, fierbinte - 1,5 căni

Drojdie uscată activă - 1,5 lingurițe

Paste cu curmale - 2 linguri

Seminte de mac - 1 lingura

Seminte de floarea soarelui - 1 lingura

Pepitas - 2 linguri

Ulei de avocado - 3 linguri

Ouă, temperatura camerei - 3

Indicatii:

1. Pregătiți o tavă de pâine de nouă pe cinci inci acoperind-o cu pergament și apoi ungând-o ușor.

2. Într-o tavă de copt, amestecați apa fierbinte, pasta de curmale și drojdia până când conținutul este complet dizolvat. Lăsați acest amestec de pâine cu quinoa să stea timp de cinci până la zece minute, până când drojdia s-a umflat și s-a umflat - acest lucru trebuie făcut într-un mediu cald.

3. Între timp, într-un vas mai mare, de preferință pentru un robot de bucătărie, combinați făina, amidonul, guma xantan și sarea de mare împreună până se omogenizează. La final, într-o tavă mică de copt, amestecați uleiul de avocado și ouăle. Pune-le deoparte în timp ce aștepți ca drojdia să termine de înflorit.

4. Odată ce drojdia a înflorit, întoarceți mixerul planetar cu amestecul de făină la foc mic și turnați amestecul de drojdie în el. Lăsați mixerul planetar cu accesoriul agitator să combine lichidul și făina pentru câteva momente înainte de a adăuga amestecul de ou și ulei. Lăsați acest amestec să se amestece timp de două minute până când formează un compus coeziv

bila de aluat. Adăugați semințele în aluat și amestecați încă un minut la viteză medie. Rețineți că aluatul va fi mai umed și mai puțin elastic decât aluatul făcut cu făină tradițională, deoarece este fără gluten.

5. Turnați aluatul de proteine de quinoa în tava pregătită, acoperiți-l cu plastic de bucătărie sau o cârpă umedă curată și lăsați-l să crească într-un loc cald, ferit de curenți, până când își dublează volumul, aproximativ patruzeci de minute.

Între timp, încălziți cuptorul la 375 de grade Fahrenheit.

6. Puneți pâinea dospită în centrul cuptorului și lăsați-o să fiarbă până când este complet fiartă și de culoare aurie. Când atingeți pâinea cu proteine quinoa, ar trebui să sune gol. Scoateți tava cu proteine de quinoa din cuptor și lăsați-o să se răcească timp de cinci minute înainte de a scoate pâinea cu proteine quinoa din tavă și transferați-o pe un grătar pentru a termina răcirea. Lăsați pâinea de quinoa să se răcească complet înainte de a o feli.

Brioșe de morcovi cu ghimbir și nucă de cocos

Porții: 12

Timp de preparare: 20-22 minute

Ingrediente:

2 căni de făină de migdale albite

1/2 cană nucă de cocos neîndulcită în bucăți

1 lingurita de bicarbonat de sodiu

½ linguriță de ienibahar

½ linguriță de ghimbir măcinat

Un praf de cuișoare măcinate

Sarat la gust

3 oua bio

½ cană de miere organică

½ cană de ulei de cocos

1 cana morcovi, curatati si rasi

2 linguri de ghimbir proaspăt, decojit și ras ¾ de cană de stafide, înmuiate în apă timp de 15 minute și scurse<u>Indicatii:</u>

1. Preîncălziți cuptorul la 350 de grade F. Ungeți 12 căni dintr-o tavă mare pentru brioșe.

2. Într-un castron suficient de mare, amestecați împreună făina, bucățile de nucă de cocos, bicarbonatul de sodiu, condimentele și sarea.

3. Într-un alt castron, adăugați ouăle, mierea și uleiul și bateți până se omogenizează.

4. Adăugați amestecul de ouă în amestecul de făină și amestecați până se omogenizează bine.

5. Incorporeaza morcovul, ghimbirul si stafidele.

6. Aranjați uniform amestecul în formele de brioșe pregătite.

7. Coaceți aproximativ 20-22 de minute sau până când o scobitoare introdusă în centru devine curată.

<u>Informatii nutritionale:</u>Calorii: 352, grăsimi: 13 g, carbohidrați: 33 g, fibre: 9 g, proteine: 15 g

Terci cald de miere: 4 porții

Ingrediente:

¼ c. Miere

½ c. ovaz

3 c. apă clocotită

¾ c. grâu bulgur

Indicatii:

1. Puneți bulgurul și ovăzul rulat într-o cratiță. Adăugați apa clocotită și amestecați pentru a se combina.

2. Pune tigaia la foc mare si aduce la fierbere. După ce fierbe, reduceți focul la mic, apoi acoperiți și fierbeți timp de 10 minute, amestecând din când în când.

3. Se ia de pe foc, se amestecă mierea și se servește imediat.

Informatii nutritionale:Calorii: 172, grăsimi: 1 g, carbohidrați: 40 g, proteine: 4 g, zaharuri: 5 g, sodiu: 20 mg

Salata la micul dejun:

Porții 4

Timp de preparare: 0 minute

Ingrediente:

27 uncii de salată de varză amestecată cu nuci 1 ½ cană de afine

15 uncii de sfeclă, fiartă, curățată și tăiată cubulețe

¼ cană de ulei de măsline

2 linguri de otet de mere

1 lingurita de pudra de turmeric

1 lingura de suc de lamaie

1 catel de usturoi, tocat

1 lingurita de ghimbir proaspat ras

Un praf de piper negru

Indicatii:

1. Într-un castron de salată, amestecați varza kale și fructele uscate cu sfecla și afinele. Intr-un castron separat amestecam uleiul cu otetul, turmericul, zeama de lamaie, usturoiul, ghimbirul si un praf de piper negru, batem bine apoi turnam peste salata, amestecam si servim.

2. Distrează-te!

Informatii nutritionale:188 calorii, 4 grăsimi, 6 fibre, 14 carbohidrați, 7 proteine

Quinoa rapidă cu scorțișoară și semințe de chia:

Porții 2

Timp de preparare: 3 minute

Ingrediente:

2 căni de quinoa, prefiertă

1 cană de lapte de caju

½ linguriță de scorțișoară măcinată

1 cană de afine proaspete

¼ cană de nuci prăjite

2 lingurițe de miere crudă

1 lingura de seminte de chia

Indicatii:

1. La foc mediu-mic, adăugați quinoa și laptele de caju într-o cratiță. Incorporati scortisoara, afinele si nucile. Gatiti incet timp de trei minute.

2. Scoateți tigaia de pe foc. Încorporați mierea. Se ornează cu semințe de chia înainte de servire.

Informatii nutritionale:Calorii 887 Grăsimi: 29,5 g Proteine: 44 Sodiu: 85 mg Carbohidrați totale: 129,3 g Fibre alimentare: 18,5 g

Vafe cu cartofi dulci fără cereale

Porții: 2

Timp de preparare: 15 minute

Ingrediente:

Cartofi dulci, mărunțiți - 3 căni

Făină de cocos - 2 linguri

Arrowroot - 1 lingură

Ouă - 2

Ulei de soia - 1 lingura

Scorțișoară, măcinată - 0,5 linguriță

Nucșoară, măcinată - 0,25 linguriță

Sare de mare - 0,25 linguriță

Pastă de curmale - 1 lingură

Indicatii:

1. Înainte de a amesteca vafele, începeți prin a încălzi fierul de vafe.

2. Într-un castron, bateți ouăle, uleiul de soia și pasta de curmale până se omogenizează bine. Adăugați ingredientele rămase și amestecați până când toate ingredientele sunt distribuite uniform.

3. Ungeți fierul de vafe încălzit și adăugați puțin din aluat.

Apropiați fierul de călcat și lăsați vafele să se gătească până devin aurii, aproximativ șase până la șapte minute. Odată gata, scoateți vafa cu o furculiță și apoi gătiți a doua jumătate de aluat în același mod.

4. Serviți vafe de cartofi dulci fără cereale fierbinți cu toppingurile preferate, cum ar fi iaurt și fructe de pădure proaspete, compot de fructe sau sirop cu aromă de arțar Lakanto.

Omletă cu ciuperci, quinoa și sparanghel

Porții: 3

Timp de preparare: 30 minute

Ingrediente:

2 linguri de ulei de măsline

1 cană de ciuperci feliate

1 cană sparanghel, tăiat în bucăți de 1 inch

½ cană roșii tocate

6 oua mari, crescute pe pasune

2 albusuri mari, crescute pe pasune

¼ cană de lapte vegetal

1 cana quinoa, gatita conform pachetului 3 linguri busuioc tocat

1 lingura patrunjel tocat, ornat

Sare si piper dupa gust

Indicatii:

1. Preîncălziți cuptorul la 3500F.

2. Într-o tigaie, încălziți uleiul de măsline la foc mediu.

3. Încorporați ciupercile și sparanghelul.

4. Asezonați cu sare și piper după gust. Se calesc timp de 7 minute sau pana cand ciupercile si sparanghelul devin maro auriu.

5. Adăugați roșiile și gătiți încă 3 minute. A pune deoparte.

6. Între timp, amestecați ouăle, albușul și laptele într-un castron.

A pune deoparte.

7. Asezati quinoa intr-o tigaie si garnisiti cu amestecul de legume. Se toarnă amestecul de ouă.

8. Se introduce la cuptor și se fierbe timp de 20 de minute sau până când ouăle s-au solidificat.

Informatii nutritionale:Calorii 450 Grăsimi totale 37 g Grăsimi saturate 5 g Glucide totale 17 g Glucide nete 14 g Proteine 12 g Zahăr: 2 g Fibre: 3 g Sodiu: 60 mg Potasiu 349 mg

Ouă Rancheros: 3 porții

Timp de preparare: 20 de minute

Ingrediente:

Ouă - 6

Tortile de porumb, mici - 6

Fasole prăjită - 1,5 căni

Ardei iute verzi tăiați cubulețe, la conserva - 4 oz

Conserve de roșii prăjite - 14,5 oz

Avocado, feliat - 1

Usturoi, tocat - 2 catei

Coriandru, tocat - 0,5 cană

Ceapă, tăiată cubulețe - 0,5

Sare de mare - 0,5 linguriță

Chimen, măcinat - 0,5 linguriță

Ulei de măsline extravirgin - 1 linguriță

Piper negru, măcinat - 0,25 linguriță

Indicatii:

1. Într-o cratiță, fierbeți roșiile prăjite, ardei iute verzi, sare de mare, chimen și piper negru timp de cinci minute.

2. Între timp, căliți ceapa și uleiul de măsline într-o tigaie mare, adăugând usturoiul în ultimul minut de gătit, aproximativ cinci minute în total.

3. Soteți ouăle într-o tigaie după preferințele dorite de gătit; încălziți fasolea prăjită și reîncălziți tortilla.

4. Pentru a servi, turnați peste tortilla fasolea prăjită, roșiile, ceapa și ouăle. Acoperiți cu avocado și coriandru și apoi savurați proaspăt și fierbinte. Puteți adăuga niște salsa, brânză sau smântână dacă doriți.

Omletă cu ciuperci și spanac

Porții: 2

Timp de preparare: 15 minute

Ingrediente:

Ulei de măsline, o lingură + o lingură

Spanac, proaspăt, tocat, o cană și jumătate de ceapă verde, una tăiată cubulețe

Ouă, trei

Brânză feta, o uncie

Ciuperci, nasturi, felii cinci

Ceapa rosie, taiata cubulete, un sfert de cana

Indicatii:

1. Se calesc ciupercile, ceapa si spanacul timp de trei minute intr-o lingura de ulei de masline si se lasa deoparte. Bate bine ouăle și fierbe-le în cealaltă lingură de ulei de măsline timp de trei-patru minute până când marginile încep să se rumenească. Presărați toate celelalte ingrediente pe jumătate

din omletă și pliați cealaltă jumătate peste ingredientele sotate. Gatiti un minut pe fiecare parte.

Informatii nutritionale:Calorii 337 grăsimi 25 grame proteine 22 grame carbohidrați 5,4 grame zahăr 1,3 grame fibre 1 gram

Vafe cu dovleac și banane

Porții: 4

Timp de preparare: 5 minute

Ingrediente:

½ cană de făină de migdale

½ cană de făină de cocos

1 lingurita de bicarbonat de sodiu

1 linguriță și jumătate de scorțișoară măcinată

¾ linguriță de ghimbir măcinat

½ linguriță de cuișoare măcinate

½ linguriță de nucșoară măcinată

Sarat la gust

2 linguri de ulei de măsline

5 ouă organice mari

¾ cană de lapte de migdale

½ cană de piure de dovleac

2 banane medii, decojite și tăiate felii

Indicatii:

1. Preîncălziți fierul de vafe și apoi ungeți-l.

2. Într-un castron suficient de mare, amestecați făina, bicarbonatul de sodiu și condimentele.

3. Într-un blender, adăugați ingredientele rămase și amestecați până la omogenizare.

4. Adăugați amestecul de făină și amestecați pana când

5. În fierul de vafe preîncălzit, adăugați cantitatea necesară de amestec.

6. Gatiti aproximativ 4-5 minute.

7. Repetați folosind amestecul rămas.

<u>Informatii nutritionale:</u>Calorii: 357,2, Grăsimi: 28,5 g, Carbohidrați: 19,7 g, Fibre: 4 g, Proteine: 14 g

Ouă omletă cu somon afumat. Porții: 2

Timp de preparare: 10 minute

Ingrediente:

4 ouă

2 linguri de lapte de cocos

Arpagic proaspăt, tocat

4 felii de somon afumat salbatic, tocat Sare dupa gust

Indicatii:

1. Într-un castron, bateți oul, laptele de cocos și arpagicul.

2. Se unge tigaia cu ulei si se incinge la foc mediu-mic.

3. Turnați amestecul de ouă și amestecați ouăle în timp ce gătiți.

4. Când ouăle încep să se aseze, adăugați somonul afumat și gătiți încă 2 minute.

Informatii nutritionale:Calorii 349 Grăsimi totale 23 g Grăsimi saturate 4 g Glucide totale 3 g Glucide nete 1 g Proteine 29 g Zahăr: 2 g Fibre: 2 g Sodiu: 466 mg Potasiu 536 mg

Risotto cremos de parmezan cu ciuperci și conopidă

Porții: 2

Timp de preparare: 18 minute

Ingrediente:

1 cățel de usturoi, decojit, feliat

½ cană de smântână

½ cană de conopidă, orez

½ cană de ciuperci, feliate

Ulei de cocos, pentru prajit

Parmezan, ras, pentru ornat

Indicatii:

1. Se ia o tigaie, se pune la foc mediu-mare, se adauga uleiul de cocos si cand se topeste, se adauga usturoiul si ciupercile si se fierbe 4.

minute sau până când sari.

2. Apoi adăugați în tigaie conopida și smântâna, amestecați bine și fierbeți timp de 12 minute.

3. Transferați risottoul pe o farfurie, decorați cu brânză și serviți.

Informatii nutritionale:Calorii 179, grăsimi totale 17,8 g, carbohidrați 4,4 g, proteine 2,8 g, zahăr 2,1 g, sodiu 61 mg

Broccoli ranch cu cheddar

Porții: 2

Timp de preparare: 30 minute

Ingrediente:

1½ cană de buchețele de broccoli

Sare și piper negru proaspăt spart, 1/8 cană de condimente ranch după gust

1/8 cană smântână grea pentru frișcă

1/4 cană brânză cheddar rasă

1 lingura de ulei de masline

Indicatii:

1. Porniți cuptorul, apoi setați temperatura la 375 ° F și lăsați-l să se preîncălzească.

2. Între timp, luați un castron mediu, adăugați buchețelele împreună cu ingredientele rămase și amestecați până se omogenizează bine.

3. Luați o tavă de copt, ungeți-o cu ulei, o lingură în amestecul pregătit și gătiți timp de 30 de minute până când este complet fiert.

4. Când ați terminat, lăsați cratita să se răcească timp de 5 minute și apoi serviți.

Informatii nutritionale:Calorii 111, grăsimi totale 7,7 g, carbohidrați totale 5,7 g, proteine 5,8 g, zahăr 1,6 g, sodiu 198 mg

Terci super-proteic

Porții: 2

Timp de preparare: 8 minute

Ingrediente:

¼ cana nuci sau nuci pecan, tocate grosier ¼ cana nuca de cocos prajita, neindulcita

2 linguri de seminte de canepa

2 linguri de seminţe întregi de chia

¾ cana de lapte de migdale, neindulcit

¼ cană de lapte de cocos

¼ cană de unt de migdale, prăjit

½ linguriță de turmeric, măcinat

1 lingură ulei de cocos extravirgin sau ulei MCT

2 linguri de eritritol sau 5-10 picături de stevia lichidă (opțional) un praf de piper negru măcinat

½ linguriță de scorțișoară sau ½ linguriță de pudră de vanilie

Indicatii:

1. Puneți nucile, fulgii de cocos și semințele de cânepă într-o cratiță fierbinte. Prăjiți amestecul timp de 2 minute sau până când devine parfumat. Se amestecă de câteva ori pentru a nu se arde. Transferați amestecul prăjit într-un bol. A pune deoparte.

2. Combinați migdalele și laptele de cocos într-o cratiță mică la foc mediu. Se încălzește amestecul.

3. După ce s-a încălzit, dar nu a fiert, stinge focul. Adăugați toate celelalte ingrediente. Se amestecă bine până se topește complet. Se lasa deoparte 10 minute.

4. Combinați jumătate din amestecul prăjit cu terci. Strângeți terciul în două boluri. Stropiți fiecare bol cu jumătatea rămasă din amestecul prăjit și scorțișoară măcinată. Serviți terciul imediat.

Informatii nutritionale: Calorii 572 Grăsimi: 19 g Proteine: 28,6 g Sodiu: 87 mg Carbohidrați totale: 81,5 g Fibre alimentare: 10 g

Fulgi de ovaz cu mango si nuca de cocos

Porții: 1

Ingrediente:

½ c. lapte de nucă de cocos

Sare cușer

1 c. fulgi de ovăz de modă veche

1/3 c. mango proaspăt tocat

2 linguri. Fulgi de nucă de cocos neîndulciți

Indicatii:

1. Aduceți laptele la fiert într-o cratiță medie la foc mare. Se amestecă ovăzul și sarea și se reduce focul la mic. Se fierbe aproximativ 5 minute, până când ovăzul devine cremos și fraged.

2. Între timp, prăjiți fulgii de nucă de cocos aproximativ 2-3 minute până se rumenesc într-o tigaie mică uscată la foc mic.

3. Odată gata, ornați fulgii de ovăz cu mango și fulgi de cocos, serviți și savurați.

<u>Informatii nutritionale</u>:Calorii: 428, grăsimi: 18 g, carbohidrați: 60 g, proteine: 10 g, zahăr: 26 g, sodiu: 122 mg.

Porții de omletă cu ciuperci și spanac

Porții: 4

Timp de preparare: 30 minute

Ingrediente:

6 ouă

60 ml lapte

3 linguri (45 ml) de unt

2 căni (500 ml) de baby spanac

Sare si piper

1 cană brânză cheddar rasă

1 ceapă, feliată subțire

120 g ciuperci albe, feliate

Indicatii:

1. Preîncălziți cuptorul la 180 ° C (350 ° F), cu grătarul în poziția centrală. Ungeți o tavă pătrată de copt de 20 cm. A pune deoparte.

2. Amestecați ouăle și laptele într-un castron mare cu un tel. Se amestecă brânza. Se condimentează cu piper și sare. Pune vasul deoparte.

3. Se caleste ceapa, apoi ciupercile in unt la foc mediu intr-o tigaie mare antiaderenta. Se condimentează cu piper și sare. Adăugați spanacul, apoi gătiți aproximativ 1 minut, amestecând continuu.

4. Turnați amestecul de ciuperci într-un amestec de ouă. Scoateți și turnați într-o tavă de copt. Gătiți omleta timp de aproximativ 25 de minute sau până când devine aurie și ușor umflată. Tăiați omleta în patru pătrate și scoateți-o din vasul de servire cu o spatulă. Așezați-le pe un platou și voilà, sunt gata de servit calde sau reci.

Informatii nutritionale:Calorii 123 Carbohidrați: 4 g Grăsimi: 5 g Proteine: 15 g

Mere cu scorțișoară la fiert lent

Porții: 6

Timp de preparare: 4 ore

Ingrediente:

8 mere (curățate, fără miez)

2 lingurite de suc de lamaie

2 lingurite de scortisoara

½ lingurita de nucsoara

¼ cană de zahăr de cocos

Indicatii:

1. Puneți toate articolele în aragazul lent.

2. Setați aragazul lent la o setare scăzută timp de 3-4 ore.

3. Gatiti pana cand merele sunt fragede. A servi.

Informatii nutritionale:Calorii 136 Grăsimi totale: 0 g Carbohidrați: 36 g Proteine: 1 g Zahăr: 26 g Fibre 5 g Sodiu: 6 mg Colesterol: 0 mg

Pâine de porumb integrală

Porții: 8

Timp de gătire: 35 minute

Ingrediente:

Făină de porumb galbenă întreagă - 1 cană

Făină albă integrală - 1 cană

Ou - 1

Paste cu curmale - 2 linguri

Ulei de măsline extravirgin - 0,33 cană

Sare de mare - 1 linguriță

Praf de copt - 1 lingura

Bicarbonat de sodiu - 0,5 linguriță

lapte de migdale - 1 cană

Indicatii:

1. Încinge cuptorul la 400 de grade Fahrenheit și pregăti o tavă rotundă de opt inci sau o tavă din fontă pentru pâine. Unge cu generozitate tava.

2. Într-o tavă de copt, amestecați făina de porumb, făina integrală, sarea de mare și agenții de fermentare până se omogenizează bine.

3. Într-o tavă separată, amestecați ingredientele rămase până se omogenizează bine. Adăugați amestecul de făină, unindu-le pe cele două până se omogenizează bine.

4. Turnați aluatul de pâine de porumb în tava pregătită și introduceți-l la cuptor până când devine auriu și solidificat complet în centru, aproximativ douăzeci și cinci de minute. Scoateți pâinea de porumb din cuptor și lăsați-o să se răcească timp de cinci minute înainte de a o feli.

Omletă cu roșii

Porții: 1

Timp de preparare: 8 minute

Ingrediente:

Ouă, două

Busuioc, proaspăt, o jumătate de cană

Roșii cherry, o jumătate de cană

Piper negru, o lingurita

Brânză, orice fel, sfert de cană tocată

Sare, o jumătate de linguriță

Ulei de măsline, două linguri

Indicatii:

1. Tăiați roșiile în sferturi. Prăjiți-l în ulei de măsline timp de trei minute. Pune roșiile deoparte. Sare si pipereaza ouale intr-un castron mic si se bat bine. Turnați amestecul de ouă bătute în tigaie și folosiți o spatulă pentru a lucra ușor marginile de sub omletă, lăsând ouăle să se prăjească timp de trei minute. Când treimea mijlocie a amestecului de ouă este încă lichidă,

adăugați busuiocul, roșiile și brânza. Îndoiți mai mult de jumătate din omletă peste cealaltă jumătate. Gatiti inca doua minute si serviti.

Informatii nutritionale:Calorii 342 carbohidrați 8 grame proteine 20 grame grăsimi 25,3 grame

Fulgi de ovaz cu zahar brun si scortisoara

Porții: 4

Ingrediente:

½ linguriță. praf de scorțișoară

1 ½ linguriță. extract pur de vanilie

¼ c. zahăr brun deschis

2 c. lapte degresat

1 1/3 c. Ovaz rapid

Indicatii:

1. Măsurați laptele și vanilia într-o cratiță medie și aduceți la fierbere la foc mediu-mare.

2. Odată ce fierbe, reduceți căldura la mediu. Se amestecă ovăzul, zahărul brun și scorțișoara și se fierbe, amestecând, 2-3 minute.

3. Serviți imediat, stropind cu mai multă scorțișoară dacă doriți.

Informatii nutritionale:Calorii: 208, grăsimi: 3 g, carbohidrați: 38 g, proteine: 8 g, zahăr: 15 g, sodiu: 105 mg

Terci cu pere prăjite

Porții: 2

Timp de preparare: 30 minute

Ingrediente:

¼ lingurita de sare

2 linguri nuci pecan tocate

1 lingurita de sirop de artar pur

1 cană iaurt grecesc 0%, pentru servire

Pere

Terci

½ cană de amarant crud

1/2 cană de apă

1 cană de lapte 2%.

1 lingurita de sirop de artar

1 para mare

1/2 lingurita scortisoara macinata

1/4 lingurita ghimbir macinat

1/8 lingurita nucsoara macinata

1/8 linguriță de cuișoare măcinate

Topping pecan / pere

Indicatii:

1. Preîncălziți cuptorul la 400 ° C.

2. Scurgeți amarantul și clătiți-l. Se amestecă cu apă, o cană de lapte și sare, se aduce amarantul la fiert și se lasă să fiarbă.

Acoperiți și gătiți timp de 25 de minute până când amarantul este moale, dar rămâne puțin lichid. Se ia de pe foc si se lasa amarantul sa se ingroase inca 5-10 minute. Dacă doriți, mai aplicați puțin lapte pentru a netezi textura.

3. Amestecați părțile de nuci pecan împreună cu 1 lingură de sirop de arțar.

Gatiti 10-15 minute, pana cand nucile pecan sunt prajite si siropul de artar s-a uscat. Când sunt terminate, nucile pecan pot deveni relativ parfumate. Când se răcesc, nucile pecan sunt crocante.

4. Taiati cubulete perele impreuna cu nucile pecan si amestecati cu restul de 1 lingurita de sirop de artar si condimente. Coaceți 15 minute într-o tigaie, până când perele sunt fragede.

5. În terci, adăugați 3/4 din perele prăjite. Împărțiți iaurtul în două boluri și acoperiți cu terci, nuci pecan prăjite și bucățile de pere rămase.

Informatii nutritionale:Calorii 55 Carbohidrați: 11 g Grăsimi: 2 g Proteine: 0 g

Crepe cu smântână dulce

Porții: 2

Timp de preparare: 10 minute

Ingrediente:

2 oua bio

1 lingurita de stevia

Sarat la gust

2 linguri de ulei de cocos, topit, împărțit

2 linguri de faina de cocos

½ cană de smântână

Indicatii:

1. Sparge ouale intr-un castron, adauga 1 lingura de ulei de cocos, stevia si sare si bate cu mixerul electric pana se omogenizeaza bine.

2. Bateți încet făina de cocos până se încorporează și apoi bateți smântâna până se omogenizează bine.

3. Luați o tigaie, puneți-o la foc mediu, ungeți-o cu ulei și, când este fierbinte, turnați jumătate din amestec și gătiți aproximativ 2

minute pe fiecare parte până când crepa este gătită.

4. Transferați creponul pe o farfurie și gătiți un alt crep în același mod folosind aluatul rămas și apoi serviți.

5. Pentru pregătirea mesei, înfășurați fiecare crep crep într-o bucată de hârtie ceară, apoi puneți-le într-o pungă de plastic, sigilați punga și păstrați la congelator până la trei zile.

6. Când este gata de mâncat, încălziți crepa timp de 2 minute la cuptorul cu microunde până se încinge și apoi serviți.

Informatii nutritionale:298, grăsimi totale 27,1 g, carbohidrați totale 8 g, proteine 7 g, zahăr 2,4 g, sodiu 70 mg

Clatite cu fulgi de ovaz

Porții: 1

Timp de preparare: 10 minute

Ingrediente:

Ou - 1

Ovăz rulat, măcinat - 0,5 cană

lapte de migdale - 2 linguri

Bicarbonat de sodiu - 0,125 linguriță

Praf de copt - 0,125 linguriță

Extract de vanilie - 1 linguriță

Pastă de curmale - 1 linguriță

Indicatii:

1. Încingeți grătarul sau tigaia antiaderență la foc mediu în timp ce faceți clătite.

2. Puneți fulgii de ovăz în blender sau robot de bucătărie și amestecați până se face făină fină. Adaugă-le într-un castron, bătându-le cu praful de copt și bicarbonatul de sodiu.

3. Într-un alt bol de gătit, amestecați oul cu laptele de migdale, pasta de curmale și extractul de vanilie până se omogenizează bine. Adăugați amestecul de ou îndulcit / lapte de migdale la amestecul de fulgi de ovăz și amestecați până se omogenizează bine.

4. Ungeți tava și apoi turnați aluatul de clătite lăsând puțin spațiu între fiecare clătită. Lasă clătitele să se gătească aproximativ două-trei minute, până când sunt aurii și clocotite.

Întoarceți clătitele cu grijă și gătiți cealaltă parte câteva minute până devin aurii.

5. Scoateți clătitele de pe foc și serviți-le cu fructe, iaurt, compot sau sirop de arțar Lakanto Monk's Fruit.

Ovăz delicios cu parfum de arțar

Porții: 4

Timp de preparare: 20 de minute

Ingrediente:

Aroma de arțar, o linguriță

Scorțișoară, o linguriță

Semințe de floarea soarelui, trei linguri

Nuci pecan, o jumătate de cană tocate

Fulgi de nucă de cocos, neîndulciți, un sfert de cană nuci, jumătate de cană tocate

Lapte, migdale sau nucă de cocos, o jumătate de cană

Semințe de chia, patru linguri

Indicatii:

1. Amestecați semințele de floarea soarelui, nucile și nucile pecan într-un robot de bucătărie pentru a le sfărâma. Sau puteți pur și simplu să puneți nucile într-o pungă de plastic rezistentă, să înfășurați punga cu un prosop, să o așezați pe o suprafață rezistentă și să bateți prosopul cu un ciocan până

când nucile se sfărâmă. Amestecați nucile tocate cu restul ingredientelor și turnați-le într-o cratiță mare.

Fierbeți acest amestec la foc mic timp de treizeci de minute. Amestecați des, pentru ca amestecul să nu se lipească de fund. Serviți ornat cu fructe proaspete sau cu un strop de scorțișoară dacă doriți.

<u>Informatii nutritionale:</u>Calorii 374 carbohidrați 3,2 grame proteine 9,25 grame grăsimi 34,59 grame

Smoothie cu capsuni si kiwi

Porții: 1

Timp de preparare: 0 minute

Ingrediente:

Kiwi, decojit și tocat, unul

Căpșuni, proaspete sau congelate, o jumătate de cană de lapte tocat, migdale sau nucă de cocos, o ceașcă

Busuioc, măcinat, o linguriță

Turmeric, o lingurita

Banană, cubulețe, una

Pudră de semințe de chia, un sfert de cană

Indicatii:

1. Bea imediat după ce toate ingredientele au fost bine amestecate.

Informatii nutritionale:Calorii 250 zahăr 9,9 grame grăsime 1 gram 34 grame carbohidrați fibre 4,3 grame

Terci de in cu scortisoara

Porții: 4

Timp de preparare: 5 minute

Ingrediente:

1 lingurita de scortisoara

1 lingurita si jumatate de stevia

1 lingura de unt nesarat

2 linguri de faina de in

2 linguri de fulgi de ovaz din seminte de in

½ cană de nucă de cocos rasă

1 cană de smântână groasă

2 căni de apă

Indicatii:

1. Luați o cratiță medie, puneți-o la foc mic, adăugați toate ingredientele, amestecați până se combină și aduceți amestecul la fierbere.

2. Când amestecul este fiert, se ia oala de pe foc, se amestecă bine și se împarte uniform în patru boluri.

3. Lăsați terciul să se odihnească 10 minute până s-a îngroșat ușor, apoi serviți.

Informatii nutritionale:Calorii 171, grăsimi totale 16 g, carbohidrați totale 6 g, proteine 2 g

Batoane de mic dejun cu afine și cartofi dulci

Porții: 8

Timp de gătire: 40 de minute

Ingrediente:

1 ½ cană piure de cartofi dulci

2 linguri de ulei de cocos, dizolvat

2 linguri de sirop de arțar

2 ouă, crescute pe pasune

1 cană de făină de migdale

1/3 cană de făină de cocos

1 ½ linguriță de bicarbonat de sodiu

1 cană de afine proaspete, fără sâmburi și tocate

¼ cană de apă

Indicatii:

1. Preîncălziți cuptorul la 3500F.

2. Ungeți o foaie de copt de 9 inci cu ulei de cocos. A pune deoparte.

3. Într-un castron. Combina piureul de cartofi dulci, apa, uleiul de cocos, siropul de arțar și ouăle.

4. Într-un alt castron, cerne făina de migdale, făina de cocos și bicarbonatul de sodiu.

5. Adăugați treptat ingredientele uscate la ingredientele umede. Folosiți o spatulă pentru a împături și amestecați toate ingredientele.

6. Se toarnă în tava pregătită și se presează peste merișoare.

7. Dați la cuptor și coaceți timp de 40 de minute sau până când o scobitoare introdusă în centru este curată.

8. Lăsați să stea sau să se răcească înainte de a scoate din tigaie.

<u>Informatii nutritionale:</u>Calorii 98 Grăsimi totale 6 g Grăsimi saturate 1 g Glucide totale 9 g Carbohidrați net 8,5 g Proteine 3 g Zahăr: 7 g Fibre: 0,5 g Sodiu: 113 mg Potasiu 274 mg

Fulgi de ovăz copți cu condimente de dovleac

Porții: 6

Timp de gătire: 35 minute

Ingrediente:

Ovăz rulat - 1,5 căni

Lapte de migdale, neîndulcit - 0,75 cană

Ou - 1

Îndulcitor de fructe Lakanto Monk - 0,5 cană

Piure de dovleac - 1 cană

Extract de vanilie - 1 linguriță

Nuci pecan, tocate - 0,75 cană

Praf de copt - 1 linguriță

Sare de mare - 0,5 linguriță

Condimente pentru plăcintă de dovleac - 1,5 linguriță

Indicatii:

1. Încinge cuptorul la 350 de grade Fahrenheit și unge o foaie de copt de opt pe opt.

2. Într-un castron, amestecați fulgii de ovăz, laptele de migdale, ouăle și ingredientele rămase până când aluatul de fulgi de ovăz este complet amestecat. Turnați amestecul de fulgi de ovăz condimentat cu dovleac în tava unsă și puneți-l în centrul cuptorului.

3. Gătiți fulgii de ovăz până când devin aurii și se solidifică, aproximativ douăzeci și cinci până la treizeci de minute. Scoateți fulgii de ovăz cu condimente de dovleac fiert din cuptor și lăsați-l să se răcească timp de cinci minute înainte de servire. Savurați-l fierbinte singur sau cu fructele și iaurtul preferat.

Ouă omletă cu spanac și roșii

Porții: 1

Ingrediente:

1 lingurita. ulei de masline

1 lingurita. busuioc proaspăt tocat

1 roșie în bucăți medii

¼ c. brânză elvețiană

2 oua

½ linguriță. piper roșu

½ c. spanac tocat ambalat

Indicatii:

1. Într-un castron mic, bate bine ouăle, busuiocul, ardeiul și brânza elvețiană.

2. Puneți o tigaie medie la foc mediu și încălziți uleiul.

3. Se amestecă roșia și se rumenesc timp de 3 minute. Se amestecă spanacul și se fierbe timp de 2 minute sau până când încep să se ofilească.

4. Turnați ouăle bătute și amestecați timp de 2 până la 3 minute sau până când sunt fierte după gust.

5. Distrează-te.

Informatii nutritionale:Calorii: 230, Grăsimi: 14,3 g, Carbohidrați: 8,4 g, Proteine: 17,9

Smoothie cu morcovi tropicali, ghimbir și turmeric

Porții: 1

Timp de preparare: 0 minute

Ingrediente:

1 portocală sanguină, curățată și fără semințe

1 morcov mare, decojit și tocat

½ cană de bucăți de mango congelate

2/3 cană de apă de cocos

1 lingura de seminte crude de canepa

¾ linguriță de ghimbir ras

1 ½ linguriță de turmeric decojit și ras

Un praf de piper cayenne

Un vârf de cuțit de sare

Indicatii:

1. Pune toate ingredientele într-un blender și mixează până se omogenizează.

2. Se lasa la racit inainte de servire.

Informatii nutritionale:Calorii 259 Grăsimi totale 6 g Grăsimi saturate 0,9 g Glucide totale 51 g Glucide nete 40 g Proteine 7 g Zahăr: 34 g Fibre: 11 g Sodiu: 225 mg Potasiu 1319 mg

Pâine prăjită cu scorțișoară și vanilie

Porții: 4

Ingrediente:

½ linguriță. scorțișoară

3 ouă mari

1 lingurita. vanilie

8 felii de pâine integrală

2 linguri. Lapte degresat

Indicatii:

1. Mai întâi, preîncălziți o farfurie la 3500F.

2. Combinați vanilia, ouăle, laptele și scorțișoara într-un castron mic și amestecați până la omogenizare.

3. Turnați într-o farfurie sau vas cu fundul plat.

4. În amestecul de ouă, înmuiați pâinea, răsturnați pentru a acoperi ambele părți și puneți-o pe plita.

5. Gatiti aproximativ 2 minute sau pana cand fundul se rumeneste usor, apoi intoarceti si gatiti si cealalta parte.

Informatii nutritionale:Calorii: 281,0, Grăsimi: 10,8 g, Carbohidrați: 37,2 g, Proteine: 14,5 g, Zahăr: 10 g, Sodiu: 390 mg.

Curcan delicios

Porții: 4

Timp de preparare: 15 minute

Ingrediente:

1 kilogram de curcan măcinat

½ linguriță de cimbru uscat

1 lingura de ulei de cocos, topit

½ linguriță de scorțișoară măcinată

Pentru hașiș:

1 ceapa galbena, tocata

1 lingura de ulei de cocos, topit

1 dovlecel, tocat

½ cana morcovi tocati

2 cani de dovleac butternut, taiate cubulete

1 măr, fără miez, decojit și tăiat cubulețe

2 căni de baby spanac

1 lingurita de ghimbir macinat

1 lingurita scortisoara macinata

½ linguriță de pudră de usturoi

½ linguriță de pudră de turmeric

½ linguriță de cimbru uscat

Indicatii:

1. Încinge o tigaie cu 1 lingură de ulei de cocos la foc mediu-mare. Adăugați curcanul, ½ linguriță de cimbru și ½ linguriță de scorțișoară măcinată. Se amestecă și se fierbe timp de 5 minute, apoi se transferă într-un bol. Reîncălziți tigaia cu 1 lingură de ulei de cocos la foc mediu-mare. Adăugați ceapa, amestecați și gătiți timp de 2 minute. Adăugați dovlecelul, morcovii, dovleacul, mărul, ghimbirul, 1 linguriță de scorțișoară, ½

lingurita de cimbru, turmeric si usturoi pudra. Se amestecă și se fierbe timp de 3-4

minute. Reveniți carnea în tigaie, adăugați și puiul de spanac. Se amestecă și se fierbe încă 1-2 minute apoi se împarte totul între farfurii și se servește la micul dejun.

2. Distrează-te!

<u>Informatii nutritionale:</u>212 calorii, 4 grăsimi, 6 fibre, 8 carbohidrați, 7 proteine

Spaghete cu brânză, busuioc și pesto

Porții: 2

Timp de gătire: 35 minute

Ingrediente:

1 cană dovleac spaghetti fiert, scurs

Sare si piper negru proaspat crapat, dupa gust ½ lingura de ulei de masline

¼ cană de brânză de vaci, neîndulcită

2 uncii de mozzarella proaspătă, tăiată cubulețe

1/8 cană de pesto de busuioc

Indicatii:

1. Porniți cuptorul, apoi setați temperatura la 375 ° F și lăsați-l să se preîncălzească.

2. Între timp, luați un bol mediu, adăugați spaghetele și condimentați cu sare și piper negru.

3. Se ia o tava de copt, se unge cu ulei, se adauga amestecul de dovleac, se orneaza cu ricotta si mozzarella si se da la cuptor pentru 10

minute până la fiert.

4. Când ați terminat, scoateți tava din cuptor, stropiți cu pesto și serviți imediat.

Informatii nutritionale:Calorii 169, grăsimi totale 11,3 g, carbohidrați totale 6,2 g, proteine 11,9 g, zahăr 0,1 g, sodiu 217 mg

Smoothie cu portocale și piersici

Porții: 2

Ingrediente:

2 c. piersici tocate

2 linguri. Iaurt neindulcit

Suc din 2 portocale

Indicatii:

1. Începeți prin a îndepărta semințele și coaja piersicilor. Tăiați și lăsați câteva bucăți de piersică pentru ornat.

2. Pune piersica tocata, sucul de portocale si iaurtul intr-un blender si bate pana se omogenizeaza.

3. Puteți adăuga apă pentru a dilua smoothie-ul dacă doriți.

4. Turnați în pahare de sticlă și bucurați-vă de masă!

Informatii nutritionale:Calorii: 170, grăsimi: 4,5 g, carbohidrați: 28 g, proteine: 7 g, zahăr: 23 g, sodiu: 101 mg

Briose cu banane și unt de migdale

Porții: 6

Timp de preparare: 30 minute

Ingrediente:

Fulgi de ovăz - 1 cană

Sare de mare - 0,25 linguriță

Scorțișoară, măcinată - 0,5 linguriță

Praf de copt - 1 linguriță

unt de migdale - 0,75 cană

Banane, piure - 1 cană

Lapte de migdale, neindulcit - 0,5 linguri

Extract de vanilie - 2 lingurițe

Ouă - 2

Îndulcitor de fructe Lakanto Monk - 0,25 cană

Indicatii:

1. Încinge cuptorul la 350 de grade Fahrenheit și tapetează o formă de brioșe cu căptușeală de hârtie sau unge-o dacă preferi.

2. Într-un castron de gătit, bate banana piure împreună cu untul de migdale, laptele de migdale neîndulcit, ouăle, extractul de vanilie și îndulcitorul de fructe călugăr. Într-o tavă separată, combinați fulgii de ovăz, condimentele și praful de copt. Odată ce amestecul de făină este complet combinat, turnați-l în vasul cu piureul de banane și combinați atât amestecul de unt de migdale/banane, cât și amestecurile de fulgi de ovăz până se omogenizează bine.

3. Împărțiți aluatul pentru brioșe între cele douăsprezece foi de hârtie, umplând fiecare cavitate pentru brioșe aproximativ trei sferturi. Puneți tava pentru brioșe cu banane și unt de migdale în centrul cuptorului încins și lăsați-le să fiarbă până se solidifică și sunt fierte. Se fac odată ce o scobitoare a fost înțepată în interior și scoasă curat.

Acest lucru ar trebui să dureze douăzeci până la douăzeci și cinci de minute.

4. Lăsați brioșele cu banane și unt de migdale să se răcească înainte de a le servi, apoi savurați.

ricotta engleza

Porții: 1

Timp de preparare: 0 minute;

Ingrediente:

6 linguri de ricotta bio

3 linguri de seminte de in

3 linguri de ulei de in

2 linguri de unt de migdale crud organic

1 lingura de pulpa de nuca de cocos organica

1 lingura de miere cruda

¼ cană de apă

Indicatii:

1. Combinați toate ingredientele într-un bol. Se amestecă până se combină bine.

2. Se pune intr-un bol si se raceste inainte de servire.

Informatii nutritionale:Calorii 632 Grăsimi totale 49 g Grăsimi saturate 5 g Glucide totale 32 g Glucide nete 26 g Proteine 23 g Zahăr: 22 g Fibre: 6 g Sodiu: 265 mg Potasiu 533 mg

Smoothie antiinflamator cu spanac și cireșe

Porții: 1

Timp de preparare: 0 minute

Ingrediente:

1 cană de chefir simplu

1 cană cireșe congelate, fără sâmburi

1/2 cană frunze de spanac baby

¼ cană de piure de avocado copt

1 lingura de unt de migdale

1 bucată de ghimbir decojit (1/2 inch)

1 lingurita de seminte de chia

Indicatii:

1. Pune toate ingredientele într-un blender.

2. Amestecați până la omogenizare.

3. Se lasa la racit la frigider inainte de servire.

<u>Informatii nutritionale:</u>Calorii 410 Grăsimi totale 20 g Grăsimi saturate 4 g Glucide totale 47 g Glucide nete 37 g Proteine 17 g Zahăr: 33 g Fibre: 10 g Sodiu: 169 mg Potasiu 1163 mg

Shakshuka picant

Porții: 4

Timp de gătire: 37 minute

Ingrediente:

2 linguri ulei de masline extravirgin

1 bulb de ceapa, tocat

1 jalapeño, fără semințe și tocat

2 catei de usturoi, tocati

1 kilogram de spanac

Sare și piper negru proaspăt măcinat

¾ de linguriță de coriandru

1 lingurita de chimion uscat

2 linguri de pasta de harissa

½ cană de bulion de legume

8 bucăți de ouă mari

Fulgi de ardei roșu, pentru servire

Coriandru, tocat pentru servire

Pătrunjel tocat pentru servire

Indicatii:

1. Preîncălziți cuptorul la 350 ° F.

2. Se încălzește uleiul într-o tigaie care poate fi folosită pentru cuptor, la foc mediu. Încorporează ceapa și călește timp de 5 minute.

3. Adăugați jalapeño și usturoiul și căleți timp de un minut sau până când este parfumat. Adăugați spanacul și gătiți timp de 5 minute sau până când frunzele se ofilesc complet.

4. Condimentam amestecul cu sare si piper, coriandru, chimen si harissa. Gatiti in continuare timp de 1 minut.

5. Transferați amestecul în robotul de bucătărie: faceți piure până când se îngroașă. Se toarnă bulionul și se amestecă în continuare până se obține o consistență netedă.

6. Curățați și ungeți aceeași tavă cu spray de gătit antiaderent.

Se toarnă amestecul de piure. Folosind o lingură de lemn, formați opt godeuri circulare.

7. Rupeți ușor fiecare ou în godeuri. Pune tava la cuptor -

Gatiti 25 de minute sau puneti in brace ouale pana se solidifica complet.

8. Pentru a servi, presara shakshuka cu fulgi de ardei rosu, coriandru si patrunjel dupa gust.

Informatii nutritionale:Calorii 251 Grăsimi: 8,3 g Proteine: 12,5 g Sodiu: 165 mg Carbohidrați totale: 33,6 g

Lapte auriu de 5 minute

Porții: 1

Timp de preparare: 5 minute

Ingrediente:

1 1/2 cani de lapte de cocos usor

1 1/2 cani de lapte de migdale neindulcit

1 1/2 linguriță turmeric măcinat

1/4 lingurita ghimbir macinat

1 baton intreg de scortisoara

1 lingura de ulei de cocos

1 praf de piper negru macinat

Îndulcitor la alegere (adică zahăr de cocos, sirop de arțar sau stevie după gust)

Indicatii:

1. Adaugă într-o cratiță mică lapte de cocos, turmeric măcinat, lapte de migdale, ghimbir măcinat, baton de scorțișoară, ulei de cocos, piper negru și îndulcitorul tău preferat.

2. Bateți pentru a amesteca la foc mediu și încălziți. Se încălzește la atingere până se fierbe, dar nu se fierbe - aproximativ 4 minute - amestecând regulat.

3. Opriți focul și gustați pentru a schimba aroma. Pentru condimente puternice +

asezonați, adăugați mai mult îndulcitor după gust sau mai mult turmeric sau ghimbir.

4. Se serveste imediat, se rupe intre doua pahare si se lasa batonul de scortisoara in urma. Mai bine proaspăt, chiar dacă resturile pot fi păstrate 2-3 zile la frigider. Se încălzește la temperatură pe aragaz sau în cuptorul cu microunde.

<u>Informatii nutritionale:</u>Calorii 205 Grăsimi: 19,5 g Sodiu: 161 mg Carbohidrați: 8,9 g Fibre: 1,1 g Proteine: 3,2 g

Fulgi de ovăz simplu la micul dejun

Porții: 1

Timp de preparare: 8 minute

Ingrediente:

2/3 cană lapte de cocos

1 albus de ou, crescut pe pasune

½ cană de ovăz cu gătit rapid fără gluten

½ linguriță de pudră de turmeric

½ linguriță de scorțișoară

¼ lingurita de ghimbir

Indicatii:

1. Puneți laptele vegetal într-o cratiță și încălziți la foc mediu.

2. Incorporeaza albusul si continua sa bata pana cand amestecul devine omogen.

3. Adăugați restul ingredientelor și gătiți încă 3 minute.

Informatii nutritionale:Calorii 395 Grăsimi totale 34 g Grăsimi saturate 7 g Glucide totale 19 g Glucide nete 16 g Proteine 10 g Zahăr: 2 g Fibre: 3 g Sodiu: 76 mg Potasiu 459 mg

Gogoși cu proteine turmeric

Porții: 8

Timp de preparare: 0 minute

Ingrediente:

1 ½ cană de caju crude

½ cană de curmale medjool, fără sâmburi

1 lingură de pudră proteică de vanilie

½ cană de nucă de cocos rasă

2 linguri de sirop de artar

¼ lingurita de extract de vanilie

1 lingurita de pudra de turmeric

¼ cană de ciocolată neagră

Indicatii:

1. Combinați toate ingredientele, cu excepția ciocolatei, într-un robot de bucătărie.

2. Amestecați până la omogenizare.

3. Rotiți aluatul în 8 bile și apăsați-le într-o formă de gogoși din silicon.

4. Congelați timp de 30 de minute pentru a se întări.

5. Între timp, faceți învelișul de ciocolată topind ciocolata la băutură.

6. Odată ce gogoșile s-au solidificat, scoateți gogoșile din formă și stropiți cu ciocolată.

Informatii nutritionale:Calorii 320 Grăsimi totale 26 g Grăsimi saturate 5 g Glucide totale 20 g Glucide nete 18 g Proteine 7 g Zahăr: 9 g Fibre: 2 g Sodiu: 163

297 mg potasiu mg

Cheddar și omletă cu kale

Porții: 6

Ingrediente:

1/3 c. eșalotă feliată

¼ linguriță. Piper

1 ardei roșu tăiat cubulețe

¾ c. lapte degresat

1 c. brânză cheddar mărunțită și cu conținut scăzut de grăsimi

1 lingurita. ulei de masline

5 oz. kale și spanac

12 ouă

Indicatii:

1. Preîncălziți cuptorul la 375 ° F.

2. Ungeți un vas de sticlă cu ulei de măsline.

3. Într-un castron, amestecați bine toate ingredientele cu excepția brânzei.

4. Turnați amestecul de ouă în vasul pregătit și gătiți timp de 35 de minute.

5. Scoateți din cuptor și stropiți cu brânză și grătar pentru 5 minute.

6. Scoateți din cuptor și lăsați-l să se odihnească 10 minute.

7. Tăiați și bucurați-vă.

<u>Informatii nutritionale:</u>Calorii: 198, Grăsimi: 11,0 g, Carbohidrați: 5,7 g, Proteine: 18,7 g, zaharuri: 1 g, sodiu: 209 mg.

omletă mediteraneană

Porții: 6

Timp de preparare: 20 de minute

Ingrediente:

Ouă, șase

Feta, mărunțită, un sfert de cană

Piper negru, un sfert de lingurita

Ulei, spray sau măsline

Oregano, o lingurita

Lapte, migdale sau nucă de cocos, un sfert de cană

Sare de mare, o lingurita

Măsline negre, tocate, un sfert de cană

Măsline verzi, tocate, un sfert de cană

Roșii, tăiate cubulețe, un sfert de cană

Indicatii:

1. Încinge cuptorul la 400. Unge o tavă de opt pe opt inci.

Combinați laptele cu ouăle, apoi adăugați celelalte ingrediente. Turnați tot acest amestec în tavă și coaceți timp de douăzeci de minute.

<u>Informatii nutritionale:</u>Calorii 107 zaharuri 2 grame de grasimi 7 grame de carbohidrati 3

grame de proteine 7 grame

Porții de scorțișoară de hrișcă și ghimbir Porții: 5

Timp de gătire: 40 de minute

Ingrediente:

¼ cană de semințe de chia

½ cană de fulgi de cocos

1 ½ cană amestecate de nuci crude

2 căni de ovăz fără gluten

1 cană de crupe de hrișcă

2 linguri de unt de nuci

4 linguri de ulei de cocos

1 cană de semințe de floarea soarelui

½ cană de semințe de dovleac

1 ½ - 2 inci de ghimbir

1 lingurita scortisoara macinata

1/3 cană de sirop de malț de orez

4 linguri de pudră de cacao crudă - Opțional

Indicatii:

1. Preîncălziți cuptorul la 180 ° C

2. Amestecați nucile în robotul de bucătărie și amestecați rapid pentru a se toca grosier. Punem nucile tocate intr-un bol si adaugam toate celelalte ingrediente uscate care se combina bine: ovaz, nuca de cocos, scortisoara, hrisca, seminte si sare intr-o cratita la foc mic, topim usor uleiul de cocos.

3. Adăugați pudra de cacao (dacă este folosită) la amestecul umed și amestecați. Puneți aluatul umed peste amestecul uscat, apoi amestecați bine pentru a vă asigura că totul este acoperit. Transferați amestecul pe o tavă mare de copt tapetată cu hârtie unsă sau ulei de cocos. Asigurați-vă că distribuiți amestecul uniform timp de 35-40 de minute, întorcând amestecul la jumătate. Gatiti pana cand muesliul este proaspat si auriu!

4. Serviți cu laptele preferat de nuci, lingură de iaurt de cocos, fructe proaspete și super alimente: boabe de goji, semințe de in, polen de albine, orice doriți! Amestecați în fiecare zi.

Informatii nutritionale:Calorii 220 Carbohidrați: 38 g Grăsimi: 5 g Proteine: 7 g

Clatite cu coriandru

Porții: 6

Timp de preparare: 6-8 minute

Ingrediente:

½ cană de făină de tapioca

½ cană de făină de migdale

½ linguriță de pudră de chilli

¼ linguriță de turmeric măcinat

Sare si piper negru proaspat macinat, dupa gust 1 cana de lapte de cocos integral

½ ceapa rosie tocata

1 bucată de ghimbir proaspăt (½ inch), ras fin 1 ardei serrano, tocat

½ cană de coriandru proaspăt, tocat

Ulei după cum este necesar

Indicatii:

1. Într-un castron mare, amestecați făina și condimentele.

2. Adăugați laptele de cocos și amestecați până se omogenizează.

3. Se amestecă ceapa, ghimbirul, ardeiul serrano și coriandru.

4. Ungeți ușor o tigaie mare antiaderentă cu ulei și încălziți la foc mediu-mic.

5. Adăugați aproximativ ¼ de cană din amestec și înclinați tigaia pentru a o distribui uniform în toată tigaia.

6. Gatiti aproximativ 3-4 minute pe ambele parti.

7. Repetați cu tot amestecul rămas.

8. Serviți cu condimentul dorit.

Informatii nutritionale: Calorii: 331, grăsimi: 10 g, carbohidrați: 37 g, fibre: 6 g, proteine: 28 g

Smoothie cu grepfrut și zmeură Porții: 1

Timp de preparare: 0 minute

Ingrediente:

Suc de 1 grapefruit, proaspăt stors

1 banană, curățată și tăiată felii

1 cană de zmeură

Indicatii:

1. Pune toate ingredientele într-un blender și amestecă până se omogenizează.

2. Se lasa la racit inainte de servire.

Informatii nutritionale:Calorii 381 Grăsimi totale 0,8 g Grăsimi saturate 0,1 g Glucide totale 96 g Glucide nete 85 g Proteine 4 g Zahăr: 61 g Fibre: 11 g Sodiu: 11 mg Potasiu 848 mg

Porții de muesli cu unt de arahide

Porții: 8

Timp de gătire: 25 minute

Ingrediente:

Ovăz rulat - 2 căni

Scorțișoară - 0,5 linguriță

Unt de arahide, natural cu sare - 0,5 cană

Pastă de curmale - 1,5 linguri

Chipsuri de ciocolată neagră Lily's - 0,5 cană

Indicatii:

1. Încinge cuptorul la 300 de grade Fahrenheit și tapetează o foaie de copt cu hârtie de copt sau un covoraș de bucătărie din silicon.

2. Într-un castron, amestecați pasta de curmale, scorțișoara și untul de arahide, apoi adăugați ovăzul, amestecând până când ovăzul este complet acoperit. Întindeți uniform acest amestec îndulcit și condimentat pe foaia de copt într-un strat subțire.

3. Pune muesli cu unt de arahide în cuptor și gătește timp de douăzeci de minute, amestecând bine la jumătatea timpului de gătire pentru a evita gătirea neuniformă și arderea.

4. Scoateți musli-ul din cuptor și lăsați-l să se răcească la temperatura camerei înainte de a adăuga chipsurile de ciocolată. Transferați muesli cu unt de arahide într-un recipient ermetic pentru a-l păstra până când este gata de utilizare.

Ouă omletă la cuptor cu turmeric Porții: 6

Timp de preparare: 15 minute

Ingrediente:

8 până la 10 ouă mari, crescute pe pășune

½ cană de migdale neindulcite sau lapte de cocos

½ linguriță de pudră de turmeric

1 lingurita de coriandru tocat

¼ lingurita de piper negru

Un vârf de cuțit de sare

Indicatii:

1. Preîncălziți cuptorul la 3500F.

2. Ungeți o cratiță sau o tavă de copt.

3. Într-un castron, bateți oul, laptele, pudra de turmeric, piperul negru și sarea.

4. Turnați amestecul de ouă în tigaie.

5. Introduceți la cuptor și gătiți timp de 15 minute sau până când ouăle s-au solidificat.

6. Se scoate din cuptor si se orneaza cu coriandru tocat.

Informatii nutritionale:Calorii 203 Grăsimi totale 16 g Grăsimi saturate 4 g Glucide totale 5 g Glucide nete 4 g Proteine 10 g Zahar: 4 g Fibre: 1 g Sodiu: 303 mg potasiu 321 mg

Porții de tărâțe de chia și ovăz la micul dejun:

Porții: 2

Ingrediente:

85 g migdale prajite tocate

340 g lapte de cocos

30 g zahăr brun

2½ g coaja de portocala

30 g amestec de semințe de in

170 g de ovăz rulat

340 g de afine

30 g de semințe de chia

2½ g de scorțișoară

Indicatii:

1. Adăugați toate ingredientele umede împreună și amestecați zahărul și laptele cu coaja de portocală.

2. Incorporati scortisoara si amestecati bine. Odată ce sunteți sigur că zahărul nu este cocoloaș, adăugați ovăzul, semințele de in și chia și lăsați-l să stea un minut.

3. Luați două boluri sau borcane de sticlă și turnați amestecul în ele. Acoperiți cu migdale prăjite și dați la frigider.

4. Scoate-l dimineața și sapă!

Informatii nutritionale:Calorii: 353, grăsimi: 8 g, carbohidrați: 55 g, proteine: 15 g, zaharuri: 9,9 g, sodiu: 96 mg

Brioșe cu rubarbă, mere și ghimbir

Porții: 8

Timp de preparare: 30 minute

Ingrediente:

1/2 lingurita scortisoara macinata

1/2 lingurita ghimbir macinat

un vârf de cuțit de sare

1/2 cană făină de migdale (migdale măcinate)

1/4 cană zahăr brut nerafinat

2 linguri de ghimbir cristalizat tocat fin

1 lingura de faina de seminte de in macinate

1/2 cană de făină de hrișcă

1/4 cană de făină fină de orez brun

60 ml ulei de măsline

1 ou mare crescător în aer liber

1 lingurita de extract de vanilie

2 linguri de făină de porumb organică sau rădăcină de săgeată adevărată 2 linguriţe de praf de copt fără gluten

1 cană de rubarbă tăiată mărunt

1 măr mic, decojit şi tăiat cubuleţe

95 ml (1/3 cana + 1 lingura) de orez sau lapte de migdaleIndicatii:

1. Preîncălziţi cuptorul la 180 ° C / 350 ° C. Ungeţi sau tapetaţi cu un capac de hârtie 8 1/3 cană (80 ml) forme de brioşe.

2. Într-un castron mediu, puneţi făina de migdale, ghimbirul, zahărul şi seminţele de in. Cerneţi drojdia, făina şi condimentele şi apoi amestecaţi uniform. În amestecul de făină, bateţi cu rubarba şi mărul pentru a acoperi.

3. Bateţi laptele, zahărul, oul şi vanilia într-un alt castron mai mic înainte de a le turna în amestecul uscat şi amestecaţi până se omogenizează bine.

4. Împărţiţi aluatul uniform între foile de copt/recipientele de hârtie şi coaceţi timp de 20 de minute până la 25 de minute sau până când este ridicat, auriu pe margini.

5. Scoateţi, apoi lăsaţi deoparte timp de 5 minute înainte de a transfera pe un grătar pentru a se răci în continuare.

6. Mănâncă fierbinte sau la temperatura camerei.

Informatii nutritionale:Calorii 38 Carbohidraţi: 9 g Grăsimi: 0 g Proteine: 0 g

Cereale și fructe la micul dejun

Porții: 6

Ingrediente:

1 c. stafide

¾ c. orez brun cu gătit rapid

1 măr Granny Smith

1 portocală

8 oz. iaurt cu conținut scăzut de grăsimi de vanilie

3 c. apă

¾ c. bulgur

1 măr roșu delicios

Indicatii:

1. La foc iute, puneți o oală mare și aduceți apa la fiert.

2. Adăugați bulgurul și orezul. Se reduce focul la fierbere și se fierbe acoperit timp de zece minute.

3. Opriți focul, lăsați deoparte 2 minute în timp ce sunt acoperiți.

4. Într-o tavă de copt, transferați și distribuiți uniform cerealele pentru a le răci.

5. Între timp, curățați portocalele și tăiați-le felii. Tăiați și miez merele.

6. Odată ce cerealele s-au răcit, transferați-le într-un bol mare de servire împreună cu fructele.

7. Adăugați iaurtul și amestecați bine pentru a acoperi.

8. Serviți și savurați.

Informatii nutritionale:Calorii: 121, grăsimi: 1 g, carbohidrați: 24,2 g, proteine: 3,8 g, zahăr: 4,2 g, sodiu: 500 mg

Bruschetta cu roșii și busuioc

Porții: 8

Ingrediente:

½ c. busuioc tocat

2 catei de usturoi tocati

1 lingura. oțet balsamic

2 linguri. Ulei de masline

½ linguriță. piper negru spart

1 baghetă cu făină integrală feliată

8 roșii Roma coapte tăiate cubulețe

1 lingurita. sare de mare

Indicatii:

1. Mai întâi, preîncălziți cuptorul la 375 F.

2. Într-un bol, tăiați roșiile cubulețe, amestecați oțetul balsamic, busuiocul tocat, usturoiul, sarea, piperul și uleiul de măsline și lăsați deoparte.

3. Tăiați bagheta în 16-18 felii și puneți-o pe o tavă de copt timp de aproximativ 10 minute pentru a se găti.

4. Serviți cu felii de pâine caldă și savurați.

5. Pentru resturile, se pastreaza intr-un recipient ermetic si se da la frigider.

Încearcă să le pui pe puiul la grătar, e grozav!

<u>Informatii nutritionale:</u>Calorii: 57, grăsimi: 2,5 g, carbohidrați: 7,9 g, proteine: 1,4 g, zaharuri: 0,2 g, sodiu: 261 mg

Clătite cu scorțișoară și nucă de cocos

Porții: 2

Timp de preparare: 18 minute

Ingrediente:

2 oua bio

1 lingura de faina de migdale

2 uncii de cremă de brânză

¼ de cană de nucă de cocos rasă și mai mult pentru a decora ½ lingură de eritritol

1/8 lingurita de sare

1 lingurita de scortisoara

4 linguri de stevia

½ lingură de ulei de măsline

Indicatii:

1. Sparge ouale intr-un castron, bate pana se inmoaie si apoi bate faina si crema de branza pana se omogenizeaza.

2. Adăugați ingredientele rămase și apoi amestecați până se omogenizează bine.

3. Luați o tigaie, puneți-o la foc mediu, ungeți-o cu ulei, apoi turnați jumătate din aluat și gătiți 3-4 minute pe fiecare parte până când clătitele sunt bine fiarte și aurii.

4. Transferați clătita pe o farfurie și gătiți o altă clătită în același mod folosind aluatul rămas.

5. Presărați nuca de cocos peste clătitele fierte și serviți.

Informatii nutritionale: Calorii 575, grăsimi totale 51 g, carbohidrați 3,5 g, proteine 19 g

Fulgi de ovăz cu banane și alune de afine:
Porții: 6

Timp de preparare: 2 ore

Ingrediente:

1/4 cană migdale (prăjite)

1/4 cană de nuci

1/4 cană nuci pecan

2 linguri de semințe de in măcinate

1 lingurita de ghimbir macinat

1 lingurita de scortisoara

1/4 lingurita de sare de mare

2 linguri de zahar de cocos

½ linguriță de praf de copt

2 cani de lapte

2 banane

1 cană de afine proaspete

1 lingura de sirop de artar

1 lingurita de extract de vanilie

1 lingura de unt topit

Iaurt de servit

Indicatii:

1. Într-un castron mare, adăugați nucile, semințele de in, drojdia, condimentele și zahărul de cocos și amestecați.

2. Într-un alt castron, bate ouăle, laptele, siropul de arțar și extractul de vanilie.

3. Tăiați bananele în jumătate și puneți-le în slow cooker cu afinele.

4. Adăugați amestecul de ovăz și turnați peste el amestecul de lapte.

5. Asezonați cu unt topit,

6. Gatiti slow cooker la foc mic timp de 4 ore sau la foc mare timp de 4 ore. Gatiti pana cand lichidul este absorbit si ovazul este auriu.

7. Serviți fierbinte și acoperiți cu iaurt natural grecesc.

Informatii nutritionale:Calorii 346 mg Grăsimi totale: 15 g Carbohidrați: 45 g Proteine: 11 g Zahar: 17 g Fibre 7 g Sodiu: 145 mg Colesterol: 39 mg

Pâine prăjită cu ouă poșate și somon

Porții: 2

Timp de preparare: 4 minute

Ingrediente:

Pâine, două felii de secară sau suc întreg de lămâie prăjită, un sfert de linguriță

Avocado, două linguri de piure

Piper negru, un sfert de lingurita

Ouă, două poșate

Somon, afumat, patru uncii

Șoală, o lingură feliată subțire

Sare, o optime linguriță

Indicatii:

1. Adăugați sucul de lămâie la avocado cu piper și sare. Întindeți avocado amestecat pe feliile de pâine prăjită. Se pune somonul afumat pe pâine prăjită și se ornează cu un ou poșat. Completați cu eșaloța feliată.

Informatii nutritionale:Calorii 389 grăsimi 17,2 grame proteine 33,5 grame carbohidrați 31,5 grame zahăr 1,3 grame fibre 9,3 grame

Budinca cu seminte de chia si scortisoara

Porții: 2

Timp de preparare: 0 minute

Ingrediente:

Semințe de chia, patru linguri

Unt de migdale, o lingură

Lapte de cocos, trei sferturi de cană

Scorțișoară, o linguriță

Vanilie, o lingurita

Cafea rece, trei sferturi de ceașcă

Indicatii:

1. Puneți bine toate elementele de fixare și turnați-le într-un recipient potrivit pentru frigider. Acoperiți strâns și lăsați la frigider peste noapte.

Informatii nutritionale:Calorii 282 carbohidrați 5 grame de proteine 5,9 grame de grăsimi 24

grame

Ouă și brânză

Porții: 1

Ingrediente:

¼ c. Roșie tocată

1 albus de ou

1 ceapa verde tocata

2 linguri. Lapte degresat

1 felie de pâine integrală

1 ou

½ oz. brânză cheddar rasă cu conținut redus de grăsimi

Indicatii:

1. Amesteca oul si albusurile intr-un bol si adaugam laptele.

2. Amestecați amestecul într-o tigaie antiaderentă până când ouăle sunt fierte.

3. Între timp, prăjiți pâinea.

4. Turnați amestecul de ouă omletă peste pâine prăjită și acoperiți cu brânză până se topește.

5. Adăugați ceapa și roșia.

Informatii nutritionale:Calorii: 251, Grăsimi: 11,0 g, Carbohidrați: 22,3 g, Proteine: 16,9

g, zaharuri: 1,8 g, sodiu: 451 mg

Tex-mex Hash Browns

Porții: 4

Timp de preparare: 30 minute

Ingrediente:

1 ½ kilogram de cartofi, tăiați cubulețe

1 lingura de ulei de masline

Piper la nevoie

1 ceapa, tocata

1 ardei rosu, tocat

1 jalapeno, tăiat în inele

1 lingurita de ulei

½ linguriță de chimen măcinat

½ linguriță de amestec de condimente pentru taco

Indicatii:

1. Preîncălziți friteuza cu aer la 320 de grade F.

2. Amestecați cartofii în 1 lingură de ulei.

3. Asezonați cu piper.

4. Transferați în coșul pentru friteuza cu aer.

5. Prăjiți la aer timp de 20 de minute, agitând de două ori în timpul gătirii.

6. Combinați ingredientele rămase într-un castron.

7. Adăugați în friteuza cu aer.

8. Amestecați bine.

9. Coaceți la 356 de grade F timp de 10 minute.

Shirataki cu avocado si crema

Porții: 2

Timp de preparare: 6 minute

Ingrediente:

1/2 pachet de tăiței shirataki, fierți

½ avocado

½ linguriță de piper negru rupt

½ lingurita de sare

½ linguriță de busuioc uscat

1/8 cană de smântână

Indicatii:

1. Puneți o cratiță medie plină pe jumătate cu apă la foc mediu, aduceți-o la fiert, apoi adăugați tăițeii și gătiți timp de 2 minute.

2. Apoi scurgeți tăițeii și lăsați-i deoparte până la nevoie.

3. Puneți avocado într-un castron, zdrobiți-l cu o furculiță, 4. zdrobiți avocado într-un bol, transferați-l într-un blender, adăugați ingredientele rămase și amestecați până la omogenizare.

5. Luați o tigaie, puneți-o pe foc mediu și când este fierbinte, adăugați tăițeii, turnați amestecul de avocado, amestecați bine și gătiți 2

minute până se încinge.

6. Serviți imediat.

<u>Informatii nutritionale:</u>Calorii 131, grăsimi totale 12,6 g, carbohidrați totale 4,9 g, proteine 1,2 g, zahăr 0,3 g, sodiu 588 mg

Porții delicioase de terci

Porții: 2

Timp de preparare: 30 minute

Ingrediente:

½ cană de apă

1 cana de lapte de migdale, neindulcit

½ cană de amarant

1 para, curatata si taiata cubulete

½ linguriță de scorțișoară măcinată

¼ linguriță de ghimbir proaspăt ras

Un praf de praf de nucsoara

1 lingurita de sirop de artar

2 linguri de nuci pecan tocate

Indicatii:

1. Punem apa si laptele de migdale intr-o cratita, dam la fiert la foc mediu, adaugam amarantul, amestecam si fierbem 20 de minute.

Adăugați pera, scorțișoara, ghimbirul, nucșoara și siropul de arțar și amestecați.

Se mai fierbe încă 10 minute, se împarte în boluri și se servesc cu nucile pecan presărate deasupra.

2. Distrează-te!

<u>Informatii nutritionale:</u>199 calorii, 9 grăsimi, 4 fibre, 25 carbohidrați, 3 proteine

Clatite din faina de migdale cu crema de branza

Porții: 2

Timp de preparare: 18 minute

Ingrediente:

½ cană de făină de migdale

1 lingurita de eritritol

½ linguriță de scorțișoară

2 uncii de cremă de brânză

2 oua bio

1 lingura de unt nesarat

Indicatii:

1. Pregătiți aluatul de clătite și, pentru aceasta, puneți făina într-un blender, adăugați ingredientele rămase și bateți timp de 2 minute până se omogenizează.

2. Turnați aluatul într-un bol și lăsați-l să se odihnească timp de 3 minute.

3. Se ia apoi o tigaie mare, se pune la foc mediu, se adauga untul si cand s-a topit, se toarna ¼ din aluatul de clatite pregatit.

4. Distribuiți uniform aluatul în tigaie, gătiți timp de 2 minute pe fiecare parte până când se rumenește și apoi transferați clătitele pe o farfurie.

5. Mai gătiți trei clătite în același mod folosind aluatul rămas și, odată gătite, serviți clătitele cu fructele de pădure preferate.

Informatii nutritionale:Calorii 170, grăsimi totale 14,3 g, carbohidrați totale 4,3, proteine 6,9 g, zahăr 0,2 g, sodiu 81 mg

Brioșe cu brânză cu semințe de in și semințe de cânepă Porții: 2

Timp de preparare: 30 minute

Ingrediente:

1/8 cană de făină de in

¼ cană de semințe de cânepă crude

¼ cană de făină de migdale

Sarat la gust

¼ linguriță de praf de copt

3 ouă bio, bătute

1/8 cană de drojdie nutritivă fulgioasă

¼ de cană de brânză de vaci, cu conținut scăzut de grăsimi

¼ cană de parmezan ras

1/4 cană eșalotă, feliată subțire

1 lingura de ulei de masline

Indicatii:

1. Porniți cuptorul, apoi setați-l la 360 ° F și lăsați-l să se preîncălzească.

2. Între timp, luați două forme, ungeți-le cu ulei și lăsați deoparte până la nevoie.

3. Luați un castron mediu, adăugați semințele de in, semințele de cânepă și făina de migdale, apoi adăugați sare și drojdia până se omogenizează.

4. Sparge ouale intr-un alt bol, adauga praful de copt, ricotta si parmezan, amesteca bine pana se omogenizeaza, apoi amesteca amestecul in amestecul de faina de migdale pana se incorporeaza.

5. Se amestecă eșalota, apoi se distribuie amestecul între formele pregătite și se coace timp de 30 de minute până când brioșele sunt tari, iar blatul este auriu.

6. Când ați terminat, scoateți brioșele din forme și lăsați-le să se răcească complet pe un grătar.

7. Pentru pregătirea mesei, înfășurați fiecare brioșă cu un prosop de hârtie și lăsați la frigider până la treizeci și patru de zile.

8. Când sunt gata de mâncat, reîncălziți brioșele în cuptorul cu microunde până se încing și apoi serviți.

<u>Informatii nutritionale:</u>Calorii 179, grăsimi totale 10,9 g, carbohidrați 6,9 g, proteine 15,4 g, zahăr 2,3 g, sodiu 311 mg

Vafe de conopida cu branza cu arpagic

Porții: 2

Timp de preparare: 15 minute

Ingrediente:

1 cană de buchețele de conopidă

1 lingura de arpagic tocat

½ linguriță de piper negru rupt

1 lingurita de praf de ceapa

1 lingurita de praf de usturoi

1 cană de mozzarella rasă

½ cană de parmezan ras

2 ouă bio, bătute

1 lingura de ulei de masline

Indicatii:

1. Porniți fierul de vafe, ungeți-l cu ulei și lăsați-l să se preîncălzească.

2. Intre timp pregatim aluatul de vafe si pentru asta punem toate ingredientele sale intr-un bol si mixam pana se omogenizeaza bine.

3. Turnați jumătate din aluat în fierul de vafe fierbinte, închideți cu capacul și gătiți până se rumenesc.

4. Scoateți vafa și gătiți o altă vafe în același mod folosind aluatul rămas.

5. Pentru pregătirea mesei, puneți vafele într-un recipient ermetic, separați vafele cu hârtie ceară și păstrați-le până la patru zile.

Informatii nutritionale:Calorii 149, grăsimi totale 8,5 g, carbohidrați totale 6,1 g, proteine 13,3 g, zahăr 2,3 g, sodiu 228 mg

Sandwich la micul dejun

Porții: 1

Timp de preparare: 7 minute

Ingrediente:

1 mic dejun congelat

Indicatii:

1. Prăjiți sandvișul la 340 de grade F timp de 7 minute.

Brioșe vegetariene sărate

Porții: 5

Timp de preparare: 18-23 minute

Ingrediente:

¾ cană de făină de migdale

½ linguriță de bicarbonat de sodiu

¼ de cană de concentrat de proteine din zer

2 lingurițe de mărar proaspăt, tocat

Sarat la gust

4 ouă organice mari

1 ½ lingură de drojdie nutritivă

2 lingurite de otet de mere

3 linguri de suc proaspăt de lămâie

2 linguri de ulei de cocos, dizolvat

1 cană unt de cocos, înmuiat

1 legatura de salota, tocata

2 morcovi medii, decojiti si rasi

½ cană de pătrunjel proaspăt tocat

Indicatii:

1. Preîncălziți cuptorul la 350 de grade F. Ungeți 10 căni din tava mare pentru brioșe.

2. Într-un castron mare, amestecați făina, bicarbonatul de sodiu, pudra proteică și sarea.

3. Într-un alt bol, adăugați ouăle, drojdia nutritivă, oțetul, sucul de lămâie și uleiul și bateți până se omogenizează bine.

4. Adăugați untul de cocos și bateți până se omogenizează.

5. Adăugați amestecul de ouă în amestecul de făină și amestecați până se omogenizează bine.

6. Încorporează eșapa, cărucioarele și pătrunjelul.

7. Așezați uniform amalgamul în cupele pentru brioșe pregătite.

8. Gatiti aproximativ 18-23 de minute sau pana cand o scobitoare introdusa in centru este curata.

Informatii nutritionale:Calorii: 378, Grăsimi: 13 g, Carbohidrați: 32 g, Fibre: 11 g, Proteine: 32 g

Clatite cu dovlecel

Porții: 8

Timp de preparare: 6-10 min

Ingrediente:

1 cană de făină de năut

1 1/2 cană apă, împărțită

¼ linguriță de semințe de chimen

¼ linguriță de piper cayenne

¼ linguriță de turmeric măcinat

Sarat la gust

½ cană dovlecei, tocați

½ ceasca de ceapa rosie, tocata marunt

1 ardei iute verde, fara samburi si tocat marunt

1/4 cană coriandru proaspăt tocat

Indicatii:

1. Într-un castron mare, adăugați făina și ¾ de cană cu apă și amestecați până se omogenizează.

2. Se adauga apa ramasa si se bate pana se omogenizeaza 3. Se adauga ceapa, ghimbirul, ardeiul serrano si coriandru.

4. Ungeți ușor o tigaie antiaderentă cu ulei și încălziți la foc mediu-mic.

5. Adăugați aproximativ ¼ de cană din amestec și înclinați tigaia pentru a o distribui uniform în tigaie.

6. Gatiti aproximativ 4-6 minute.

7. Schimbați cu grijă partea și gătiți aproximativ 2-4 minute.

8. Repetați în timp ce utilizați amestecul rămas.

9. Serviți cu garnitura dorită.

Informatii nutritionale:Calorii: 389, grăsimi: 13 g, carbohidrați: 25 g, fibre: 4 g, proteine: 21 g

Hamburger cu ou si avocado

Porții: 1

Timp de preparare: 5 minute

Ingrediente:

1 avocado copt

1 ou, crescut pe pasune

1 felie de ceapa rosie

1 felie de roșie

1 frunza de salata verde

Seminte de susan pentru garnitura

Sarat la gust

Indicatii:

1. Curățați avocado de coajă și îndepărtați sămânța. Tăiați avocado în jumătate. Acesta va servi ca un sandviș. A pune deoparte.

2. Se unge o tigaie la foc mediu și se prăjește oul timp de 5 minute sau până se solidifică.

3. Asamblați burgerul de mic dejun așezându-l deasupra unei jumătăți de avocado cu oul, ceapa roșie, roșia și frunza de salată verde.

4. Acoperiți cu sandvișul cu avocado rămas.

5. Deasupra se orneaza cu seminte de susan si se condimenteaza cu sare dupa gust.

<u>Informatii nutritionale:</u>Calorii 458 Grăsimi totale 39 g Grăsimi saturate 4 g Glucide totale 20 g Glucide nete 6 g, Proteine 13 g Zahăr: 8 g Fibre: 14 g Sodiu: 118 mg Potasiu 1184 mg

Spanac gustos și cremos

Porții: 2

Timp de gătire: 12 minute

Ingrediente:

½ cană de făină de migdale

½ linguriță de pudră de usturoi

½ lingurita de sare

1 ou organic

1 ½ lingură de smântână pentru frișcă

¼ cană de brânză feta, mărunțită

½ lingură de ulei de măsline

Indicatii:

1. Porniți cuptorul, apoi setați temperatura la 350 ° F și lăsați-l să se preîncălzească.

2. Între timp, pregătiți aluatul de fursecuri, iar pentru aceasta puneți toate ingredientele într-un blender și apoi mixați timp de 2 minute până la omogenizare.

3. Pregătiți prăjiturile și pentru aceasta, puneți aluatul pregătit pe un spațiu de lucru și apoi modelați-l cu bile de 1 inch.

4. Luați o foaie de copt, ungeți-o cu ulei, apoi puneți fursecurile pe ea, la o oarecare distanță unul de celălalt, și coaceți timp de 12 minute până sunt fierte și aurii.

5. Când sunt gata, lăsați fursecurile să se răcească în tavă timp de 5 minute, apoi transferați-le pe un grătar pentru a se răci complet și apoi serviți.

Informatii nutritionale:Calorii 294, grăsimi totale 24 g, carbohidrați totale 7,8 g, proteine 12,2 g, zahăr 1,1 g, sodiu 840 mg

Ovăz special cu scorțișoară și mere

Porții: 2

Ingrediente:

1 măr tăiat cubulețe

2 linguri. semințe chia

½ linguriță. praf de scorțișoară

½ linguriță. extract pur de vanilie

1¼ c. lapte degresat

Sare cușer

1 c. fulgi de ovăz de modă veche

2 lingurite Miere

Indicatii:

1. Împărțiți ovăzul, semințele de chia sau semințele de in măcinate, laptele, scorțișoara, mierea sau siropul de arțar, extractul de vanilie și sarea în două borcane de sticlă.

Puneți-vă pleoapele strâns deasupra și agitați până se omogenizează complet.

2. Scoateți capacele și adăugați jumătate din mărul tăiat cubulețe în fiecare borcan.

Stropiți cu mai multă scorțișoară dacă doriți. Puneți capacele înapoi pe borcane și lăsați-le la frigider pentru cel puțin 4 ore sau peste noapte.

3. Ovăzul poate fi păstrat peste noapte în recipiente cu o singură porție la frigider până la 3 zile.

<u>Informatii nutritionale:</u>Calorii: 339, grăsimi: 8 g, carbohidrați: 60 g, proteine: 13 g, zahăr: 15 g, sodiu: 161 mg.

Ouă și legume (bombă antiinflamatoare)

Porții: 4

Timp de gătire: 35 minute

Ingrediente:

Cartofi noi, tăiați în sferturi - 10 oz

Dovlecel, tocat - 1

Usturoi, tocat - 2 catei

Ardei roșu, tocat - 1

Ardei galben, tocat - 1

Ceapa verde, tocata - 2

Ulei de măsline extravirgin - 2 linguri

Sare de mare - 0,75 linguriță

Fulgi de ardei roșu - 0,5 linguriță

Ouă mari - 4

Piper negru, măcinat - 0,25 linguriță

Indicatii:

1. Lasă cartofii tăiați în sferturi să fiarbă într-o oală mare cu apă cu sare până se înmoaie, aproximativ șase până la opt minute. Scurgeți-le aruncând apa.

2. Adăugați cartofii noi tăiați în sferturi într-o tigaie mare împreună cu ardeii, dovleceii, usturoiul și uleiul de măsline. Deasupra se presară condimentele pentru haș și apoi se lasă să se rumenească până când legumele devin maro auriu, aproximativ opt până la zece minute.

Asigurați-vă că amestecați bine hașul la fiecare două minute pentru o gătit uniform.

3. Odată ce legumele sunt gata, folosiți o lingură pentru a crea patru cratere sau fântâni în care să introduceți ouăle. Sparge ouăle în cratere, cu câte un ou pe crater. Puneți un capac pe tigaie și lăsați ouăle să se gătească până se fierb așa cum doriți, aproximativ 4-5 minute.

4. Scoateți tigaia cu ouă de legume de pe foc, presărați ceapa verde și savurați hașul și ouăle cât sunt fierbinți.

www.ingramcontent.com/pod-product-compliance
Lightning Source LLC
Chambersburg PA
CBHW070421120526
44590CB00014B/1491